ブックレット《アジアを学ぼう》別巻 24

ムスリム捕虜の語る近世の地中海

マルタの「海賊」とオスマン朝のはざまで

末森晴賀

風響社

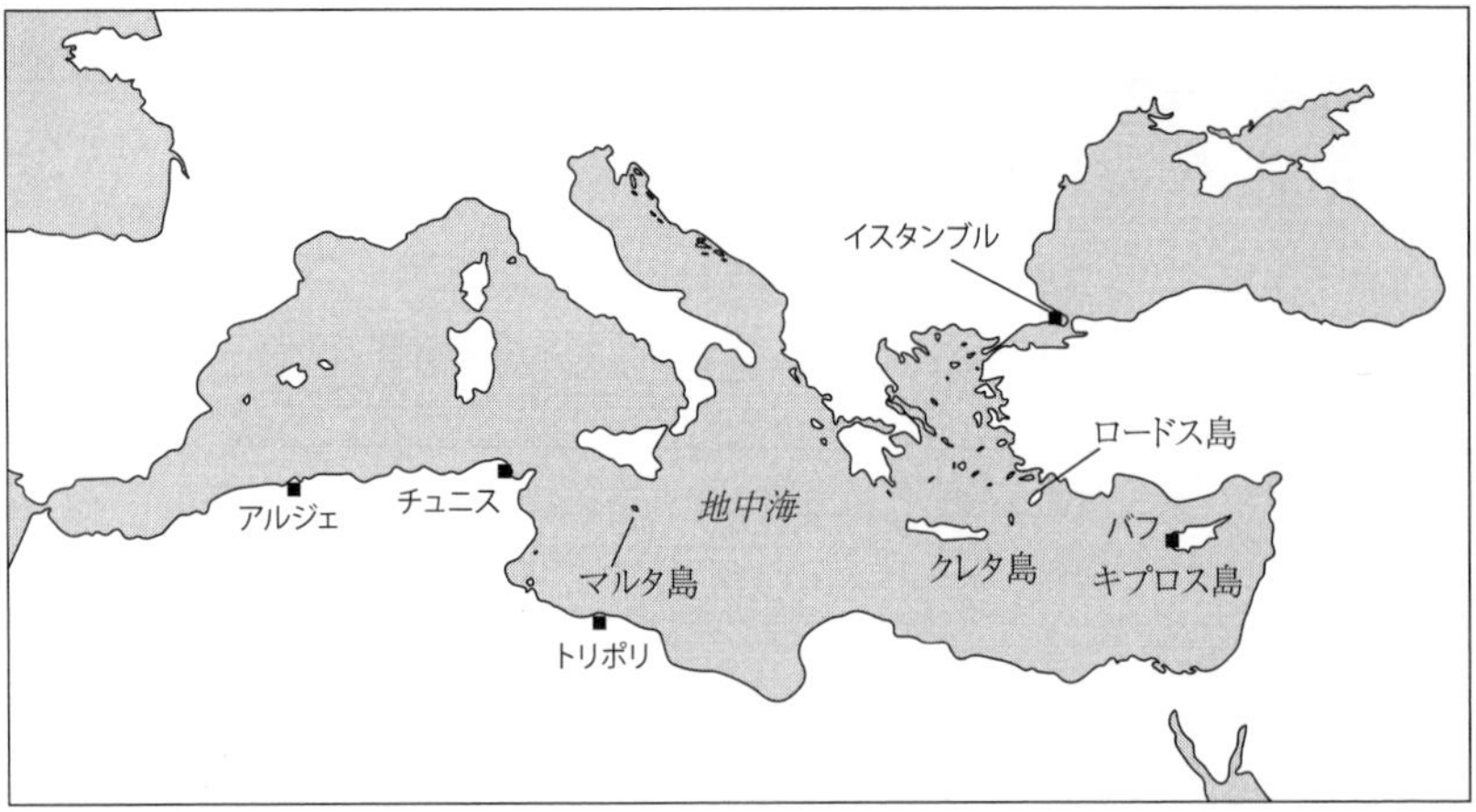

図1　本書に登場する地域

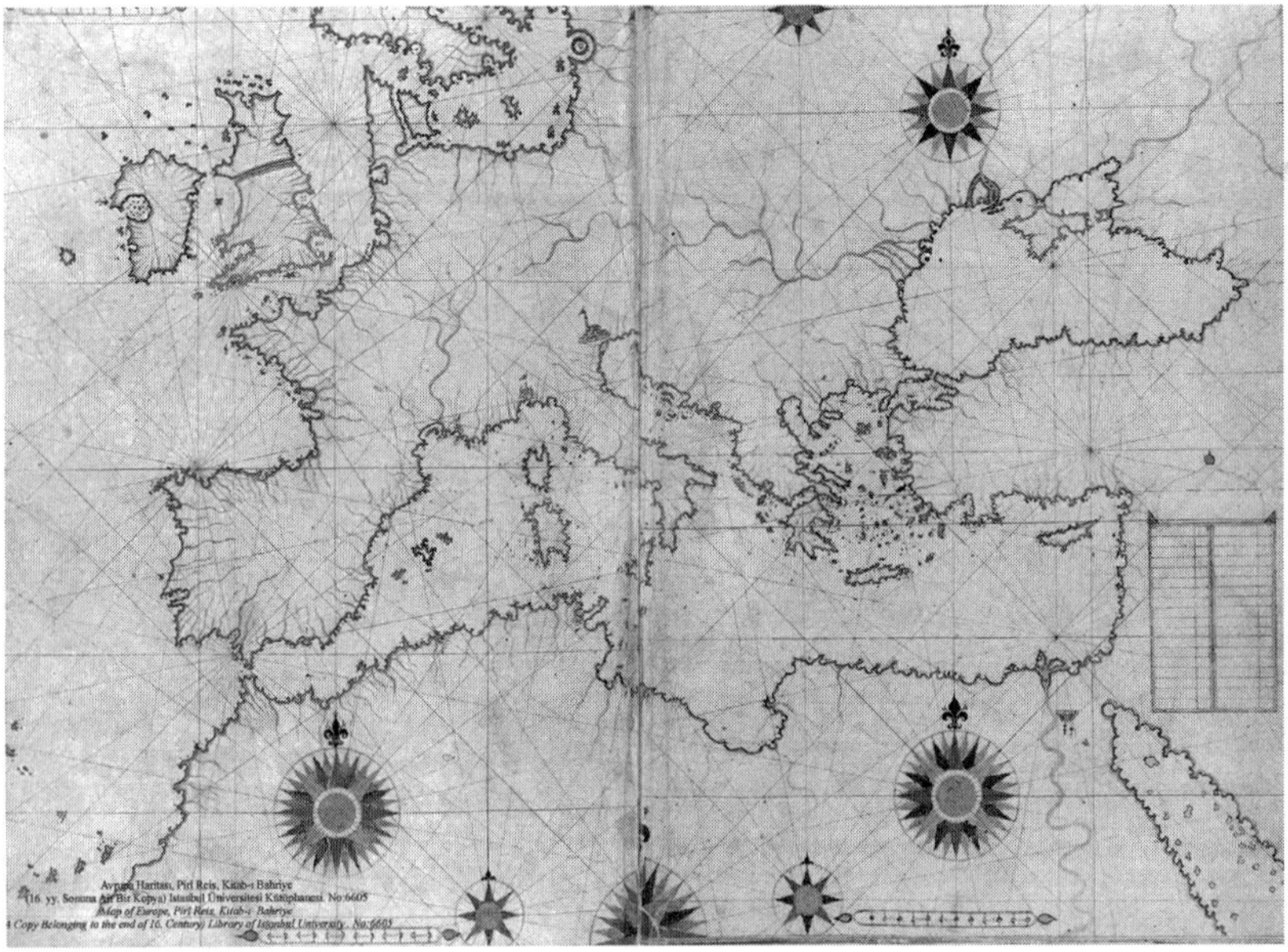

図2　オスマン朝の海軍提督ピーリー・レイス（？—1554年頃）が作成した『海洋の書』に収録されている地中海の地図。図1の現代の地図と比較するとよく似ている。

ムスリム捕虜の語る近世の地中海——マルタの「海賊」とオスマン朝のはざまで

末森晴賀

はじめに

捕虜は湿った牢獄で命をつなぎ
治者は栄えた街に心を恣《ほしいまま》にす

その金言はもっともなこと
ある者を富ませばある者を貧しくす

ある者の背もたれが金色の枕で
ある者の敷布団は古びた筵《むしろ》

ある者が享楽と充足の中で笑うとき

ある者は困難の中で涙を流し盲目になるほど
いかなる物を手に入れるのも失うのも
支配者であり全能者である神の為せるわざ

*

そうしてあらたな本（*risâle*）の筆者
出来事ややりとりを伝えし者
その者は一介のしもべ　マジュンジュザーデ
バフのカーディー　哀れなムスタファ
わが身に降りかかりしあらゆる出来事の
千のうちひとつを書いて名づけたり
マルタのみじめな者の帰還
マルタ虜囚の冒険譚（*Sergüzeşt-i Esir-i Malta*）

わたしは望む　身分の高き者も低き者も言わんことを
「神よ、この取るに足らない者に解放のお恵みを与えよ」と
神よ　あらゆる恐怖から守り給え
この祈りに〔アーメンと〕唱えし者に　アーメン〔*Sergüzeşt*: 72〕

これは、あるムスリム捕虜が書いた回想録の冒頭に綴られた詩である。彼の名はマジュンジュザーデ・ムスタファ・エフェンディと言い、オスマン朝（一二九九―一九二二年）の官人として海路で任地のキプロスに向かう途中、マルタの「海賊」の襲撃を受けて捕まり、「海賊」たちの本拠地であるマルタに連行されたのであった。彼の回想録『マルタ虜囚《りょしゅう》の冒険譚（*Sergüzeşt-i Esir-i Malta*）』に書かれた世界が、本書でこれから見ていく話である。

本書の主人公であるマジュンジュザーデが捕虜となった一六世紀末の地中海は、様々な「海賊」たちが跋扈する時代であった。彼らのうち代表的なものが、ムスリムのマグリブ私掠船《しりゃくせん》と、キリスト教徒のマルタ私掠船である。「私掠船」とは特定の公的権力の庇護を受けた海賊集団のことであり、マグリブ私掠船はオスマン領マグリブ地域を拠点に、マルタ私掠船は名目上スペイン領のマルタ島を本拠地に活動していた。史上名高いレパントの海戦（一五七一年）以降、大規模な海戦が姿を消す中で、これら私掠船による海上での掠奪《りゃくだつ》行為が歴史の前面に出てくるようになる。

このような地中海における私掠船のうち、最もよく知られているのは通称「バルバリア海賊」と呼ばれるマグリブ私掠船であろう。彼らはキリスト教徒のヨーロッパ人に対して掠奪をはたらき、当時のヨーロッパ人の恐怖の対象となっていた。かの有名な『ドン・キホーテ』の作者セルバンテス（一五九七―一六一六年）も、マグリブ私掠船に攫われて異郷の地で虜囚の日々を過ごした者たちの一人である。

その一方で、マルタ私掠船がムスリムの商船を中心に襲撃を繰り返していた事実についてはそこまで知られていない。おそらく今日では地中海の私掠船に関するヨーロッパ人側の言説が相対的に影響力を持っているためであろうが、当時の地中海の実像に迫るにはマルタ私掠船による掠奪行為も等しく取り上げられるべきである。

このことを踏まえたうえで本書が光を当てるのは、そのような私掠船に攫われた捕虜による「語り」である。当時のヨーロッパでは捕虜が自らの虜囚体験を回想録の形で記録し公開することが広く行われており、今日ではそれらを対象とした研究も蓄積が見られる。他方で、ムスリム捕虜による回想録についてはいまだ「発掘」の途上にあり、これに関する研究も本格的というには遠い段階にある。本書の主人公であるマジュンジュザーデが記した『冒険譚』もその一つである。

本書ではマジュンジュザーデの『冒険譚』を繙き、ムスリム捕虜自身の語りに耳を傾けてみたい。そこからは捕虜の目を通した虜囚の光景や、虜囚の最中にいる彼の心象風景が見えてくることであろう。彼の話をひと通り聞いた後で、なぜ彼が『冒険譚』を書いたのか、また彼が「語る」ことの意味も探る。それは近世の地中海を行き来した数多のムスリム捕虜のうち一人の姿である。

一　一六世紀末の地中海と私掠船

1　レパントの海戦後の外交関係

本書の主人公であるマジュンジュザーデ・ムスタファ・エフェンディがマルタ私掠船の捕虜として生きた一六世紀末とはどのような時代であったのか。彼の記録を読み解き始める前に、まず、その時代背景や舞台となる地中海の状況について、オスマン朝を中心に見ておきたい。

一六世紀は、地中海方面で急速に支配領域を拡大するオスマン朝と、それに対抗するヴェネツィアやスペインなどのヨーロッパ・カトリック諸国との間で覇権争いが繰り広げられていた時代であった（巻末の略年表参照）。一五世紀までの地中海は、東地中海交易で巨万の富を成したヴェネツィアをはじめとするカトリック諸国の勢力下にあった。しかし、一六世紀に入るとオスマン朝が急速に支配領域を拡大させていく。セリム一世（一五一二―一五二〇年）の治世に、ヨーロッパ人の間でいわゆる「レヴァント（東方）」と呼ばれるシリアやエジプトがオスマン朝の手に落ちて、遠隔交易で運ばれてくる奢侈《しゃし》品や近郊からの農産物などで溢れる地中海交易の一大市場がオスマン朝の支配するところとなった。続いて、オスマン朝最盛期のスルタン（君主）と名高いスレイマン一世（在位一五二〇―一五六六年）の時代に入ると、オスマン朝の目は地中海そのものに向けられ、首都イスタンブルと新たにオスマン領に追加されたシリアやエジプトを結ぶ航路上にあるロードス島を手始めに、海上交通の要衝である島々や沿岸部を次々と征服していった（図1、図2参照）。それまで大陸で版図を拡大していたオスマン朝は、ここに来て本格的に海洋国家としての道を歩み始めるのである。そして、一五三八年のプレヴェザの海戦[1]でオスマン朝とカトリック諸国は正面衝突し、オスマン朝が勝利して地中海の制海権がついにカトリック諸国からオスマン朝の手に移ることとなった。

オスマン朝のキプロス島征服（一五七〇―一五七一年）を受けて勃発したレパントの海戦（一五七一年）では、オスマン海軍がカトリック連合軍に敗北する。しかし、海戦の結果がヨーロッパでオスマン朝の勢力後退の転機と受けとめられたのに対し、実際のところは地中海におけるオスマン朝の優位は継続していた。オスマン朝は翌年までに素早く艦隊を再建し、戦争の継続を窺っていたヨーロッパ諸国の戦意を早々に失わせていたほか、海戦の目標であったはずのキプロス島は結局オスマン朝の下に留まった。その上オスマン軍は宿敵スペインと係争中であった北アフリカの都市チュニスを再び征服し（一五七四年）、ヨーロッパ諸国に対しオスマン朝の優位を見せつけている［IA,“İnebahtı Deniz Savaşı”］。

レパントの海戦を境に、地中海を取り巻く状況は大きく変化した。レパントの海戦が終結し、オスマン朝のチュニス再征服が完了すると、それまでオスマン朝とカトリック諸国の間で頻繁に行われていた戦争はすっかり消えてしまった。代わって、オスマン朝は外国との友好的な外交関係の構築を模索するようになる。オスマン朝は交易で密接な関係にありながら東地中海の領土や覇権をめぐって長年戦火を交えてきたヴェネツィアとの友好関係に転じた。私掠船などについて深刻な外交問題が生じた際も、両国の外交努力によって衝突は回避されていた。

また、オスマン朝は西地中海で影響力を持つスペインに対抗するため、これと敵対関係にあるヨーロッパ諸国に接近した。オスマン朝はスペインに対する牽制としてすでに一五六九年にフランスに対しアフドナーメ（カピチュレーション）[2]を与えていたが、さらにイギリスやオランダにもこれを付与して接近した（イギリス：一五八〇年、オランダ：一六一二年）。プロテスタントであるイギリスやオランダが大西洋方面でスペインと敵対しており、また、イギリスやオランダがかねてよりオスマン朝との正式な通商関係を望んでいたことを知っていたため、オスマン朝はこれらの国々にアフドナーメを与えて自分の側に引き込むことを考えたのである。

このようなオスマン朝の外交を支えたのは、オスマン語で「ヴァリデ・スルタン（valide sultan）」と呼ばれるオスマン朝君主の母后たちである。彼女たちは本来、後宮（ハレム）にいて表の政治に直接関わることはなかったが、ちょうどこの時代、すなわち一六世紀後半から一七世紀前半までの時期は、幼年の君主が続いたことなどもあって母后たちが後見という形で政治に積極的に介入したのであった。母后たちはオスマン朝の外交面でも大いに影響力をふるっており、そのことが諸外国にも知られていた。

有名な人物が、ムラト三世（在位一五七四―九五年）の母后であったヌールバーヌー・スルタン（一五八三年没）である。彼女はヴェネツィアの名門貴族出身であると言われているが、彼女の出自については諸説ありはっきりとしない。とにかくのちのセリム二世（在位一五六六―七四年）に献上されて息子ムラト三世を生んだのであった。彼女は親ヴェネツィアであり、そのことがオスマン朝のヴェネツィア寄りの外交に貢献したという［İA, "Nurbânû Sultan"］。もう一人が、そのムラト三世の妃でメフメト三世（在位一五九五―一六〇三年）の母后であるサフィイェ・スルタン（一六一九年没）である。彼女の出身については明らかになっていないが、彼女も姑同様、親ヴェネツィア路線を継続した。また、彼女は当時オスマン朝と新たに友好関係を結んだばかりのイギリスとも交流しており、イギリスのエリザベス女王と贈物のやり取りをして関係を温めていた［İA, "Safiye Sultan"］。そのような母后の影響力はもちろん一介のオスマン人士も知るところであり、マジュンジュザーデ・ムスタファ・エフェンディの捕虜記にもその痕跡を見て取ることができる。

マジュンジュザーデ・ムスタファ・エフェンディの生きた一六世紀末の地中海世界はいたって「平和」であり、この状態は、一六四五年にオスマン朝とヴェネツィアの間でクレタ戦争（一六四五―六九年）が始まるまでの約七〇年間続くことになる。しかし、地中海に訪れた表向きの「平和」の裏で様々な私掠行為が表面化する事態となり、これが新たな火種となっていた。

2　私掠船と国家

「私掠船」とは、定義上、特定の国家によって戦時に敵国船を攻撃・拿捕《だほ》することが認められている船舶のことである。[3] その国家にとって「合法的」な存在として、単なる海賊とは区別されていた。英語では私掠行為のことをprivateeringと言い、公的権力の認可を受けた民間人（私掠者）による掠奪行為のことを指した。平時に公的権力の認可なしに、あるいは許容された範囲を逸脱して行われる掠奪については、海賊行為（piracy）と呼んで区別されていた［薩摩　二〇一五a、二〇一五b］。オスマン語で私掠船（者）はイタリア語corsale由来、アラビア語経由のコルサン（korsân）であり、アフドナーメによってオスマン朝から安全保障（emân）が与えられていない国や地域の船舶に対して掠奪行為をはたらく者のことを言った。敵国ではない国や地域の商船を掠奪する者は「海賊（harâmî）」と呼ばれて処罰の対象になった［İA, "Korsan"; Bostan 2009: 227］。ただし、私掠船と海賊はどちらも船舶の拿捕や財物・人間の掠奪をなりわいとしている点で同じであり、両者の境目は曖昧であったため、当局ではたびたび混同されていた。オスマン語の korsân や korsanlık（私掠行為）はたしかに厳密には私掠船を指す言葉ではあるが、しばしば海賊と同義で使われている[4]［Pakalın 1993, "Korsan"; White 2018: 32-33］。

一六世紀に地中海で国家間の覇権争いが激化すると、各国は次々と私掠船団を創設して敵国との戦争や抗争に利用していった。中世以来ロードス島を拠点に活動していた聖ヨハネ騎士団は、一五二二年にオスマン朝によって島を逐《お》われると、一五三〇年にスペイン王から西地中海に浮かぶマルタ島を与えられ、その庇護の下で今度はマルタを拠点に掠奪行為をおこなうようになった。一五六二年にはピサやリヴォルノを拠点とする聖ステファノ騎士団がトスカーナ大公コジモ・デ・メディチによって創設されている。このような宗教団体を母体とした私掠船団とは別に、各国所属の私掠船団も存在し、一六世紀後半から本格的に地中海交易に参入したイギリスやオランダの私掠船も活発な掠奪活動を行った。また、アドリア海周辺で掠奪行為をはたらいていたウスコク（Uskok）のような私掠集団も存在し、彼らはローマ教皇やオーストリア、スペインの庇護を受けていた［İA, "Korsan"; Tenenti 1959: 27-28; Köse 2010: 138-139; Fodor 2018: 880-881］。

一方でオスマン朝の私掠船には、北アフリカの通称マグリブ地域を中心に活動するマグリブ私掠船がいる。これは、アルジェリアを中心に北アフリカで勢力を張っていた「海賊」の頭領がセリム一世に帰順したことに始まる。この時の「海賊」の頭領こそが、セリム一世の息子スレイマン一世の時代に、海軍提督としてプレヴェザの海戦などで華々しく活躍することになった、かの有名なバルバロス（赤ひげ）・ハイレッティン・パシャである。ほかにも、船舶に搭載された戦闘員であるレヴェント[5]（levent）も商船に対して掠奪を繰り返していた。

こうした各国の私掠船による他国船への攻撃は、しばしば「キリスト教対イスラーム」、あるいは「カトリック対プロテスタント」のように異教徒・宗派に対する「聖戦」という名目で正当化されていたため、表面上は宗教対立が激化しているような印象を受ける。しかし、カトリック国のヴェネツィアは、同じくカトリックを信仰するマルタ私掠船やウスコク、あるいはスペインの私掠船から頻繁に掠奪の標的にされるなど、実際は同じ宗教・宗派間でも日常的に掠奪が生じていた［Köse 2010: 138-139］。

私掠行為は原則として敵国に限定されていたが、それが友好国の船舶に対しても行われた時、外交上の問題となって現れた。オスマン朝にアフドナーメを付与されて友好関係にある国々の船舶がマグリブ私掠船の攻撃を受けたり、反対にオスマン船を攻撃した私掠船がこれらの国に保護される事態が続いたのである。そこで、オスマン朝はヴェネツィアやフランス、イギリス、オランダといった国々を対象に、私掠船に関する規定を設けて対応していくことになり、オスマン朝を中心とする海上秩序は私掠船をめぐって新たな展開を見せるのであるが、これについては別稿で検討する予定である。

3　マグリブ私掠船とマルタ私掠船

さて、一連の私掠船の中でもとりわけ有名なのが、マグリブ私掠船とマルタ私掠船である。マグリブ私掠船は、オスマン朝下のマグリブ地域を拠点に主にヨーロッパ・キリスト教徒を相手に掠奪を行ったムスリムの私掠船である。その起源は、エーゲ海に浮かぶレスボス島出身の「海賊」フズルとオルチュ兄弟が、北アフリカの中心地アルジェに定着して周辺地域に勢力を築いた後、オスマン朝の支配下に入ったことに遡り、後にチュニスやトリポリも獲得してマグリブ地域一帯を勢力範囲とするようになった。アルジェやチュニス、トリポリを中心とする三つの州⑹（eyâlet）が形成されてオスマン朝の地方支配体制⑺に組み込まれた後も、これらの地域は基本的に私掠行為を基幹産業のひとつとして継続しており、各都市にはそれぞれ「アルジェの私掠船」、「チュニスの私掠船」、「トリポリの私掠船」といった私掠船団が存在していた。実際、州収入の大部分は私掠行為によって賄われていた。こうして、マグリブ私掠船は平時に私掠行為をおこなう一方、戦時には戦力を見込まれて海戦に動員され、オスマン海軍の一翼を担ったのである［İA, "Cezayir"］。マグリブ私掠船の礎を築いた「海賊」フズルが、スレイマン一世の時代にハイレッティン・パシャとして海軍提督に取り立てられたのはこのことを象徴している。

彼らの主な活動地域は西地中海と、ヴェネツィアの喉元にあたるアドリア海である。これらの地域を往来するスペイン船やヴェネツィア船に対し、頻繁に掠奪を行っていた。ただし、オスマン朝と敵対しているスペインの船舶はともかくとして、オスマン朝からアフドナーメを付与されて友好関係にあるヴェネツィアの船舶を襲撃することは物議を醸した。例えば、一五八〇年にマグリブ私掠船が二五隻のヴェネツィア船を拿捕し、その報復として四年後の一五八四年にヴェネツィア艦隊がアルジェ総督（一説ではトリポリ総督）の未亡人らを乗せた船を襲撃するという事件が発生し、これによりオスマン朝とヴェネツィアは一時緊張関係に陥った［Theunissen 1998: 178; Uzunçarşılı 2011: 138-139］。また、マグリブ私掠船は西地中海でフランス船やイギリス船、オランダ船も掠奪したが、これらの国々はヴェネツィアと同様、オスマン朝に付与されたアフドナーメによって航行の安全が保障される対象であるため、やはり外交上の問題となった［Köse 2010: 139-140; White 2018: 128-137］。

そのようにして得られた掠奪品は、私掠船の本拠地であるマグリブ諸都市に集められた。特に、マグリブ最大の都市であるアルジェ（図1参照）の街は、多種多様な商品や贅沢品で溢れかえっていたという。その中には、金、銀、真珠、珊瑚、琥珀、薬、砂糖、鉄、鋼、銅、錫、鉛、明礬《みょうばん》、硫黄、封蠟《ふうろう》、ラシャ、毛織物、綿、ガラス、クリスタル、小麦、ワイン、油、塩などがあった。街の市場では連行されてきた捕虜や掠奪品が活発に取引され、オスマン商人はもとより、フランス、ヴェネツィア、コルシカ島、カタルーニャ、バレンシアといった近隣諸国やイギリス、オランダからも商人が買い付けにやって来るほどの盛況ぶりであった［増井　二〇〇五：二一一―二一三］。

マルタ私掠船は、主にムスリムの船舶を対象に掠奪を行うキリスト教徒の私掠船である。中世以来続く聖ヨハネ騎士団を母体とし、もともとロードス島を拠点に交易や私掠活動を行っていたのが、オスマン朝のロードス島征服によって拠点を失い、その後マルタを本拠地としたのが始まりである(8)。彼らはヨーロッパ有数の海軍力を有する軍事集団として、日常的な私掠行為に加えて、プレヴェザの海戦、レパントの海戦、そしてクレタ戦争（一六四五―六九年）といった一六〜一七世紀の地中海における大規模な戦争で活躍している。

マグリブ私掠船がアドリア海や西地中海を活動の舞台としたのに対し、マルタ私掠船の場合は東地中海であった。具体的にはキプロス島からロードス島を経てクレタ島に至る海域やロードス島からキオス島に至る海域である［Köse 2010: 138-139］。その一帯はオスマン朝の首都イスタンブルと帝国随一の豊かさを誇るエジプトやシリアを結ぶオスマン朝の大動脈であり、高価な財物や人間を大量に乗せたオスマン船が頻繁に往来していた。本書の主人公であるマジュンジュザーデも、キプロス島付近でマルタ私掠船の襲撃を受けたのであった。ただし、彼らはオスマン船のみならず、しばしば同じカトリックのヴェネツィア船も襲撃してヴェネツィアを悩ませており、その上オスマン船を襲撃したマルタ私掠船がクレタ島などのヴェネツィア領内に寄港して、オスマン朝とヴェネツィアの外交問題の火種も引き起こしていた［ブローデル　一九九三：三六四―三六五］。

図3　マルタのガレー船

マグリブ私掠船の場合と同様、マルタ私掠船も捕虜の獲得およびその取引を積極的に行っていた。人間は数ある掠奪品の中でも最も価値の高い商品であり、多種多様な労働力として、あるいは高額な身代金が期待される元手と見られていたからである。当時の地中海では依然としてガレー船（櫂を漕いで進む船）が主流であり、捕虜はその漕ぎ手の供給源でもあった。マルタ私掠船が連れて来た捕虜はフランスやスペイン、ナポリ、教皇国といった周辺のカトリック諸国に売却されている［Fodor 2018: 885-886］。マルタ島は方々で獲得した捕虜の集積地であり、マジュンジュザーデがマルタで虜囚生活を送っていた一五九九年の時点で、マルタの全人口三万二〇〇〇人のうち、捕虜はその五・五％に相当する一八〇〇人をかぞえた。一七世紀に捕虜人口は四〜五％を保っており、一七〜一八世紀には少なくとも三万五〇〇〇人の捕虜が島に連行されたという［White 2018: 65］。

マグリブ私掠船もマルタ私掠船も、宗旨や掠奪対象（ヴェネツィアを除いて）を異にしていたが、構成員の出自を見れば両者とも出所は同じようなものであった。例えば、マグリブ私掠船はムスリムを主体としていたが、船長や乗組員の中にはイタリアやスペイン、地中海の島々の出身でムスリムに改宗した者たちも大勢含まれていたという［増井 二〇〇五：二三一―二三三］。つまり、地中海周辺地域の住民が一方ではマグリブ私掠船、もう一方ではマルタ私掠船に分かれて、異教徒に対する聖戦を謳いつつ、相争っていたとも見ることができる。マグリブ私掠船の本拠地であるアルジェやチュニス、トリポリと、マルタ私掠船の拠点であるマルタ島が、地中海中央部の同じエリアに隣り合って位置していることも興味深い。

二　あるムスリム捕虜の肖像

1　マジュンジュザーデ・ムスタファ・エフェンディの経歴

本書の主人公であるマジュンジュザーデ・ムスタファ・エフェンディがいつどこで生まれ、どのような人生を送ったのか明らかではない。オスマン朝の人名録である『*Sicill-i Osmanî*』にも彼の名前は見当たらない。唯一「マジュンジュ（飴売り）ザーデ（息子）」という名前からは、彼がマジュン（薬用飴菓子）屋の息子もしくはその一族の出身であることをうかがえる。『冒険譚』の中では彼の前半生については特に触れられていないが、一つだけはっきりと述べられていることがある。

　一〇〇五年ラジャブ月末日（一五九七年三月一九日）、カザスケル（軍人法官）のダマト・エフェンディの時代に、〔わたしは〕日給一三〇アクチェ（オスマン朝の銀貨の単位）でキプロス島のバフ（ギリシア語名：パフォス）郡（カザー kaza：イスラーム法官の管轄地域。ここでは便宜上「郡」と訳す）に任命された［*Sergüzeşt*: 72］。

　ここから、彼が一五九七年三月一九日付でキプロス島バフ郡のイスラーム法官に任命されていたことは明らかである。オスマン朝におけるイスラーム法官（カーディー Kadı）とは、イスラーム法学の専門知識を有し、中央から任命されて郡の司法や行政等を担った官人のことである。つまり、彼はオスマン社会の支配者層に属し、法学を中心に相応の知識や教養を兼ね備えた人物であった。一五九九年一二月二九日にマルタで発行された出国手形からもそれは明らかであり、手形にある「コンスタンティノープル（イスタンブル）出身のトルコ人、ムスタファ・カーディー・メフメト・オウル（オウル：息子）」（Mustafa Cadi Mahamed ogli turco di Costantinopli）の文言からは、彼の父親の名前はメフメトで、彼がイスラーム法官であり、イスタンブルの出身であることが分かる。また、手形の情報によれば彼はこの時四六歳くらいであった［White 2018: 二章註九九］。法官職を拝命して任地に向かう際にも出身地のイスタンブルから出航している［*Sergüzeşt*: 72］。イスタンブルを発つ時にはすでに四〇代中盤に差し掛かっていたが、それまで首都で学問の修養に努めたり、あるいは職探しにあちこち駆けずり回ったりしていたのであろうか、ようやく手にした職であった。しかし、彼が任地に向かう途中でマルタ私掠船に攫われてしまうため、結局イスラーム法官としての職務に着手しないままになってしまった。マルタから帰還後に任地に向かったのかも明らかではない。『冒険譚』は彼が解放されるところで筆が置かれているため、その後の彼の人生は謎に包まれたままなのである。

また、詩の中で「時の王を讃える学者でありクルアーン（コーラン）暗誦者である［*Sergüzeşt*: 84］」と語っているように、彼はクルアーン暗誦者（ハーフィズ）でもあった。彼の師にホジャ・ハーフィズという人物がおり［*Sergüzeşt*: 113］、「ハーフィズ」という名前からクルアーン暗誦者であったことは間違いない。マジュンジュザーデはこの人物にクルアーン暗誦について師事を仰いだのであろう。

彼の人となりを知るうえでひとつ忘れてはならないこととして、彼は詩人でもあった。次の一節は、彼がマルタで虜囚の日々を送っていたある日の出来事である。

> イブラヒム・チェレビーが捕虜たちの一人からわたしの詩集（dîvân）を見つけると、それを書き写すことになり、〔わたしは〕部屋で書写した。［*Sergüzeşt*: 76］。

これによると、マルタ私掠船の襲撃を受ける間に彼のもとにあった彼自身の詩集が行方不明となり、結局他の捕虜たちのところで見つかったのであった。アラビア文字で書かれた詩集はマルタの人々にとって特に関心を引くものではなかったのであろう、しばらくして捕虜たちのもとに返されたらしい。当時、オスマン人士の間で詩作は必須とも言える教養であり、彼らは詩を媒介にして人的ネットワークを形成したり、あるいはスルタンなど時の権力者に詩を献上し庇護を受けることで社会的上昇を図ったりしたのである［林 二〇一二：九五―九六、İnalcık 2016］。

マジュンジュザーデ自身は後世に名が残るほど著名な詩人というわけではなかったが、彼もまた詩作を得手としていたのであろう。それまでに自分の詩集を編むほど詩を詠み貯めていたらしい。のちに触れるように、そもそも「冒険譚」自体が詩をふんだんに織り交ぜながら体験を語る形式の文学ジャンルであり、文中には彼の心情を綴った詩が随所に登場する。これらの詩はオスマン語をはじめアラビア語、ペルシア語といった言語で書かれており、当時のオスマン人士の備えておくべき教養が遺憾なく発揮されている。

マジュンジュザーデの人間関係にも目を向けてみたい。彼自身イスラーム法官であったことから、同業者たちとの交流があった。『冒険譚』には捕虜となった法官や関係者の名前が多く登場する。キプロス・ハルソフヤ（Harsofya/Hirsofya）郡の法官、ハーシム・エル＝ハーシミーは昔からの知己であり、七年前にマルタ私掠船に捕まって以来ずっとマルタの牢獄に閉じ込められたままであった。ペンダーイエ（Pendâye）の法官であるスィヴァスィー・ベキル・エフェンディや、教授の代理人（ナーイブ）、彼の兄弟や家宰（ケトヒュダー Kethüdâ）はマジュンジュザーデと同じ船に乗っていたが、マルタ私掠船の襲撃を受けて命を落とした。アンタキヤのエルビードやアジュルーンの法官であるアブデュッラフマン・エフェンディや、ギュヴェルジンリクの法官であるスィナン・エフェンディも同船者であったが、マジュンジュザーデと同じく私掠船の捕虜となってマルタに連行されている［*Sergüzeşt*: 73-74］。ハーシム・エル＝ハーシミー以外の人物についてはどれほど親交があったのか明らかでないが、少なくとも名前は知っていたものと見られる。

イスタンブルにはマジュンジュザーデの友人たちがおり、それぞれアヴニーやハキーキー、ムフスィン・アガ、ヘルヴァジザーデ・メフメト・チェレビーといった名が伝わる。マジュンジュザーデは彼らと一、二年ほど交流があったらしい［*Sergüzeşt*: 114, 116］。確かなことは分からないが、アヴニーやハキーキーは名前からして詩人であろうか。ムフスィン・アガやヘルヴァジザーデ・メフメト・チェレビーは「アガ」や「チェレビー」という尊称からしてある程度の地位にいる人物か、地域の名士と見える。マジュンジュザーデはイスタンブルにいて、比較的社会的階層の高い人々の輪の中にいたのであった。

その一方で、高官といった有力な親族や縁者はいなかったようである。そのような人物の名は少なくとも『冒険譚』の中からは見えてこない。マルタで虜囚の身となってから解放の手立てを国に頼む際にも、彼には後ろ盾となるような人物はいなかった。

したがって、マジュンジュザーデはイスタンブル社会の比較的上層にいて、イスラーム法学とクルアーン暗誦を修め、オスマン語やアラビア語、ペルシア語を操り、詩作を好むごく一般的なオスマン人士であった。

2 『マルタ虜囚の冒険譚』

マジュンジュザーデが書き残した『マルタ虜囚の冒険譚（*Sergüzeşt-i Esîr-i Malta*）』とは、彼がマルタでの出来事や彼の心情を綴ったものである。一五九七年に彼がバフのイスラーム法官に任命されたことに始まり、一五九九年に彼の解放が現地で決まったところで筆が置かれている。本書の末尾には以下の一文が存在する。

本は一〇〇七年（一五九九年）に完成した
本の作者は災難に遭いし者（müptelâ）である
マルタの捕虜　カーディー・ムスタファである［*Sergüzeşt*. 119］

したがって、『冒険譚』はまさに彼がマルタで見たもの感じたものをほぼリアルタイムで記したものであり、それだけに貴重である。『冒険譚』の原本は残念ながらその後行方不明となってしまったが、写本が一点だけ存在する。本書が完成してから約三年後の一六〇二年九月に、オメルという名の書記によって書写されたものである。現在伝わるのはこの写本のみであるが、残っている写本の数から見ても、同時代やその後の時代に人々の間でもてはやされた作品とは言い難い。その写本はイスタンブルのアジア側、ユスキュダル地区にあるセリム・アガ図書館のケマンケシュ・エミール・ホジャと名付けられたコーナーに存在する。四三八と番号が付けられた合冊本の七番目、すなわち一三二―一五九葉（葉：写本の表裏一枚のこと）が写本部分に相当し、写本の寸法は一五四×一〇三～一一二×七八ミリの大きさで、本文はタアリーク体で書かれている［Parmaksızoğlu 1953: 77-78］。

　長い間図書館か個人の書斎でひっそりと眠っていた『冒険譚』が世に出たのは、オスマン朝が崩壊した後の二〇世紀中盤のことである。イスタンブル図書館分類委員会（İstanbul Kütüphaneleri Tasnif Komisyonu）の委員であったナーイル・トゥマンという人物がこの写本を最初に発見したのである［Parmaksızoğlu 1953: 77］。パルマクスズオウルが最初に写本の紹介や内容の分析を行った後、イズが写本をアラビア文字で活字出版し、続いてチフチが現代トルコ語訳版を出して世に知られるようになった［Parmaksızoğlu 1953; İz 1970; Çiftçi 1996］。前近代のオスマン人士がオスマン語で書いた自叙伝的な作品で現在まで残っているものはわずかであり、筆者の虜囚体験を元にしている特異性も加わって、『冒険譚』は人々の関心を引きつけてきた。オスマン朝における旅行記（*seyahatnâme*）やその一形態である「冒険譚（*Sergüzeşt*）」群の一事例として［İA, "Seyahatnâme," "Sergüzeştnâme"］、あるいは「自己語り／一人称語り」史料のひとつとして位置づけられており［Kafadar 1989; 秋葉 二〇一八］、その中で一六世紀に書かれた他のオスマン語旅行記群との比較分析もなされている［Aydın 2012］。他にも、最近ではオスマン朝を中心とする海上秩序の分野で、虜囚の実態に関する事例としても引用されている［White 2018］。

　とは言え、管見の限り、最初にこの写本を紹介したパルマクスズオウルを除いて、これらはいずれも『冒険譚』の表面的な紹介か部分利用にとどまっており、さらなる個別研究が俟たれている。その意味で本書は、『冒険譚』を網羅的に分析した初の本格的な研究と呼べるものではないだろうか。イズによるアラビア文字刊本をもとに、先行研究が注目していた客観的な事実関係のみならず、捕虜の内面にも踏み込んで明らかにする。さらに、『冒険譚』

自体をテクストとして分析し、捕虜の「語り」の意味を解き明かしていく。
それではさっそく『冒険譚』を紐解いてみよう。

三　捕虜の足跡――マルタへの連行

1　捕虜となった経緯

（1）イスタンブル出航

『冒険譚』はマジュンジュザーデ・ムスタファ・エフェンディがオスマン朝の首都イスタンブルから任地のキプロスに向けて出航するところから始まる（図1、2参照）。イスタンブルでイスラーム法学やクルアーン暗誦を学びつつ、友人たちと詩作に興じる日々を送っていたマジュンジュザーデは、ある日ついにイスラーム法官に任命されることになった。「キプロス島のバフ郡に任命される幸運に巡り合［*Sergüzeşt*: 72］」った、と書いているように、イスラーム法官職を手にすることができて喜んでいたのである。一五九七年三月一九日のことであった。キプロス島は一五七〇―一五七一年にオスマン朝がヴェネツィアから奪った地域である。イスタンブルからシリアやエジプト方面を結ぶ航路上に位置し、ヨーロッパ諸国からも商人がやって来る交易の中心であるキプロス島は、オスマン朝の東地中海方面における要衝と言うべき重要な場所であった。そこにあって彼の赴任先であるバフ郡は、島の西方に位置し、時代は下ること一九世紀末の時点で人口一五〇〇人ほどをかぞえるのみの小さな港町であった［Kamusü'l-alâm: 2/1199-1200, "Bâf"］。キプロス赴任が決まるとすぐにスルタンから出発を許可する特許状（berat）を付与され、急ぎ任地に向かうことになった。キプロスはイスタンブルからは遠く、慣れ親しんだ人々とは離れ離れになってしまう。彼は古い友人たちや親しい友に会っては名残惜しみつつ別れの挨拶をして回った。そうして身辺整

表1 「アブジャド数字」を用いた文学上のレトリックの例

「バフのカーディーを（Kâdî-i Bâf'ı）＝قاضئ بافی」

ق（カーフ）	ا（アリフ）	ض（ダード）	ی（ヤー）	ء（ハムザ）	ب（バー）	ف（ファー）
100	1	800	10	1	2	80

100＋1＋800＋10＋1＋2＋1＋80＋10＝1005

理をすると、出発の準備に取り掛かったのである［*Sergüzeşt*: 72］。そして次の詩を詠んだ。

今日は送り出す日付である　一〇〇五年（西暦一五九七年）　バフのカーディー（イスラーム法官）を（Kâdî-i Bâf'ı）［*Sergüzeşt*: 72］

この詩はある出来事の年代を表す紀年詩であり、詩の中にはその年代を示す数字が隠されている。これはいわゆる「アブジャド数字」を用いた文学上のレトリックであり、ある単語に含まれるアラビア文字にはそれぞれ決まった数が割り当てられていて、各文字を足していくとその単語に関係する年代に一致するのである［高松　二〇一五］。詩の中の「バフのカーディーを」という文言はアラビア文字で قاضئ بافی であり、ق《カーフ》は一〇〇、ا《アリフ》は一、ض《ダード》は八〇〇、ی《ヤー》は一〇、ء《ハムザ》は一、ب《バー》は二、ف《ファー》は八〇の数字が与えられている。これらを足していくと、一〇〇＋一＋八〇〇＋一〇＋一＋二＋一＋八〇＋一〇＝一〇〇五となってバフのイスラーム法官に任命された年代になる（表1参照）。

ところが、出発間近になって彼は都合悪く眼病を患ってしまった。病はひと月近く続き、同じ年の四月一七日になってようやく出発できるようになった。この時、マジュンジュザーデは陸路で向かうことを考えていたようであるが、眼医者に陸路の旅を「断固止められた」ので、海路を選ぶはめになったという［*Sergüzeşt*: 73］。陸路で向かうとなれば乾燥して土埃のはげしいアナトリア高原地帯を通ることになるため、目に良くないと医者が判断したのであろうか。

そうして、それから四日後の四月二二日にイスタンブルから船で出航することになった。マジュンジュザーデはこの時乗った船についても記しており、それによればイスタンブルのガラタ地区に住むアライェリ・メフメト・レイスという船長のカラミュルセル船（小型帆船）であったという。直接言及されていないが、防衛に必要な武器や兵士は搭載されていたらしい。マジュンジュザーデはリドヴァンという従僕といっしょに船に乗った。他にもヒュセインやオスマンという名前の二人の人物も同行していた [*Sergüzest*: 73]。彼らの他に一緒に連れ立っていた人物については特に書かれていないため、彼は独身であったのかもしれない。『冒険譚』の他の箇所でも家族に関する話が一切出てこない。

船には他にも大勢の人が乗っていた。その中にはマジュンジュザーデと同じくキプロスやシリア、パレスチナ方面に赴任するイスラーム法官たちもいた。船はキプロスに寄港後、その先のシリアやパレスチナに向かう予定であったのだろう。ペンダーイエのイスラーム法官であるスィヴァスィー・ベキル・エフェンディ、アンタキヤのエルビードやアジュルーンのイスラーム法官であるアブデュッラフマン・エフェンディ、ギュヴェルジンリクのイスラーム法官であるスィナン・エフェンディがそうである。また、教授の代理人と彼の兄弟や家宰も一緒に乗っていた [*Sergüzest*: 73]。『冒険譚』には書かれていないが、イスラーム法官や教授の関係者が乗っていたことから、それなりに立派な船であったと想像できる。赴任先に持っていく身の回り品や財産、食料などもそれなりにあったはずである。大勢の身分ある人々や数多くの財物を乗せて、船はイスタンブルからキプロス方面に向けて出発した。

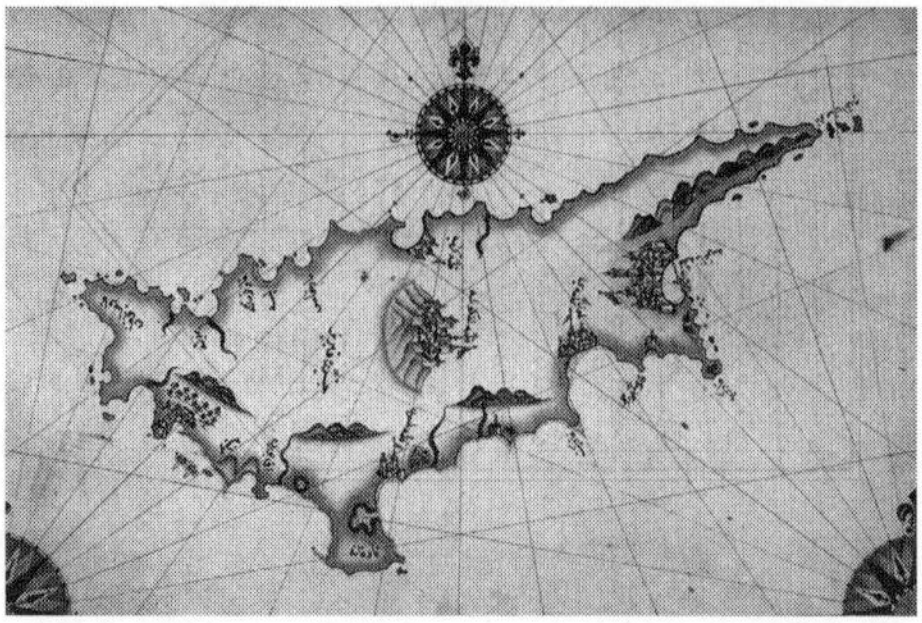

図4　キプロス島（ピーリー・レイス『海洋の書』より）

（2）マルタ私掠船に遭遇、捕虜になる

イスタンブルを発ってから三週間ほど経った五月一五日の早朝、一行はアナトリア南部のシェルデンブルヌ[9]（Serdenburnu）からだいぶ離れたところにやって来た。そこはマジュンジュザーデによるとキプロス島の「バフから推定七〇マイル（約一一二キロメートル）のところ」である。付近はマルタ私掠船が頻繁に出没する海域であり、マジュンジュザーデらの乗る船はおそらく周囲の目を引いたはずである。朝靄の彼方から突如、四隻のマルタ私掠船が姿を現した。私掠船は無防備なマジュンジュザーデの船に大砲を打ち込み、接近して大乱闘となった[*Sergüzeşt*: 73]。

戦闘は昼に差し掛かる頃には収束した。オスマン船側、私掠船側双方に多大な被害が出、オスマン船側の死者は三〇人超、私掠船側の死者は八〇人以上をかぞえ、負傷者の数は一〇〇人以上にのぼったという。この戦いで同行者のヒュセインやオスマンは命を落とし、スィヴァスィー・ベキル・エフェンディや教授の代理人、その兄弟や家宰も亡くなった。マジュンジュザーデは従僕といっしょにマルタ私掠船の者たちに捕まり、アブデュッラフマン・エフェンディやスィナン・エフェンディも捕虜になった[*Sergüzeşt*: 73]。その時のことについて、マジュンジュザーデは次のように語っている。

図5　マルタ私掠船に拿捕されるオスマン船

> 悪しき行いをする異教徒（マルタ私掠船）が船上でわたしの持ち物全てを略奪し、わたしは衣服も剥ぎ取られて裸になり、泣き喚いたものであった［*Sergüzeşt*: 76］。

（3）マルタ島へ

マルタ私掠船の捕虜となったマジュンジュザーデは、それから二六日間海上を

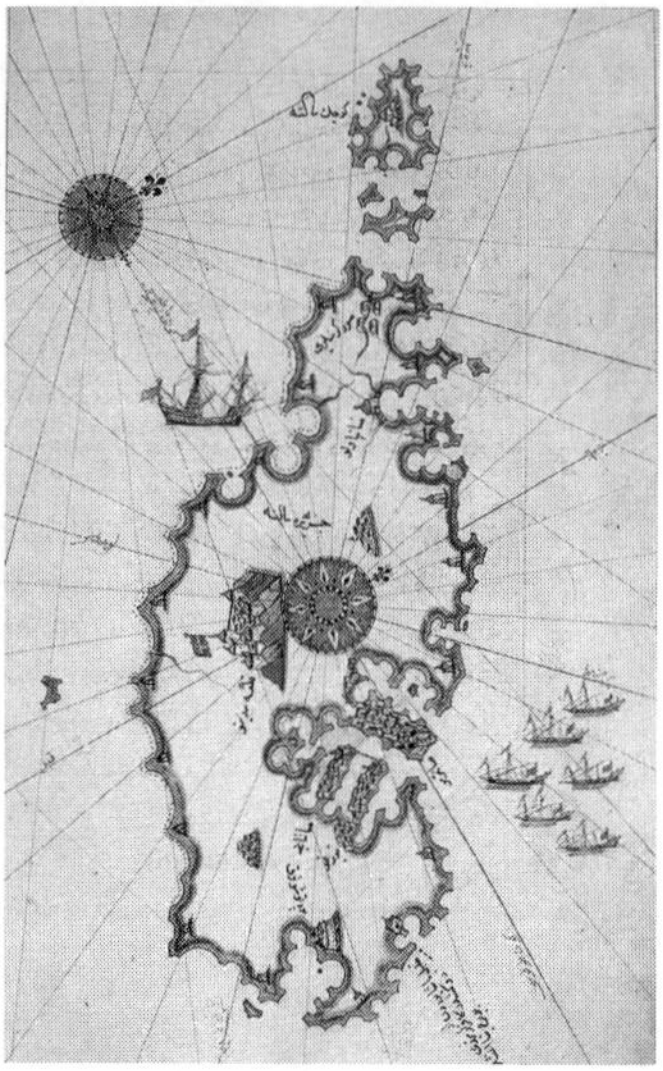
図6　マルタ島（ピーリー・レイス『海洋の書』より）

連れまわされた。その間の具体的な出来事については何も書かれておらず、ただ「艱難《かんなん》辛苦を受けること筆舌に尽くしがたし」と述懐するのみである。捕虜となって心労が祟ったのか、長い船旅が体に堪えたのかわからない。あるいは船上で労役に酷使されたのかもしれない。いずれにせよ、言葉にできないほどの苦しみを受けたことは確かである [*Sergüzeşt*: 73]。

その時の私掠船の船長はフランス人のサン＝オーバンという人物で、マジュンジュザーデらが乗っていた船を襲撃してからも、あちこちで私掠行為をおこなっていた。一連の遠征で一二隻の帆船と二八三人に上る捕虜を獲得している。マジュンジュザーデは、他の捕虜たちといっしょにサン＝オーバン船長に引き連れられて六月一五日の早朝にマルタ島に到着した [*Sergüzeşt*: 73]。かくしてマジュンジュザーデはイスタンブルを発ってから約二か月後に、捕虜として西地中海のマルタにやって来たのである。それはその後一年半以上に及ぶ長い虜囚生活の始まりであった。

2　マルタにおける虜囚生活

(1) 牢獄へ

マジュンジュザーデや他の捕虜たちは、マルタ島に着くとまず、「パレ」と呼ばれる城に連れて行かれた。そこはマルタの「ベイたち (beyler)」、すなわちマルタ私掠船の母体である聖ヨハネ騎士団の騎士たちの住処である。捕虜たちは騎士たちの前に引き出されると、騎士たちは捕虜の数をかぞえ上げた [*Sergüzeşt*: 73-74]。私掠船が遠征で獲得した捕虜はすべて、騎士たちによって把握、管理されることになっていたのである。
騎士たちによる確認が済んだ後、マジュンジュザーデ一行は牢獄へ連れて行かれた。マジュンジュザーデが、その「ベデステン（オスマン朝にある屋根付き市場）の門のような［Sergüzeşt: 94］」大門をくぐって中に入ると、昔馴染みであるハーシム・エル＝ハーシミーを見かけた。彼はキプロス島ハルソフヤ郡のイスラーム法官であったが、海路で任地に向かうところをやはりマルタ私掠船に捕まったのであった。ハーシムがマルタに連行されたのは七年前のことであり、マジュンジュザーデが来るよりもずっと前から牢獄に囚われたままになっていたのである。マジュンジュザーデが「ご機嫌いかがですか?」と声をかけると、ハーシムは次のようなペルシア語の詩で返した。

わが運命とはかようなものか　なんと味気のないことよ
とらわれの日々　変わったところのない非日常［Sergüzeşt: 74］

思いがけない形で再会した二人は思わず感極まって、「古くなった痛みが蘇り、痛ましい言葉で二人の痛みはひとつになって泣き合い、呻き合った」のである［Sergüzeşt: 74］。

（2）牢獄の食事

マジュンジュザーデはハーシムと挨拶を交わした後、気持ちが落ち着かずに夜までの間ずっと牢獄の中庭を行ったり来たりしていた。他の捕虜たちも同じような心持ちであったのだろう、みな中庭に集っていた。夜になるとマルタの獄吏が来て捕虜たちに食事が与えられた。

牢獄の門が開き、醜い顔の死刑執行人のような悪しき心構えの者が捕虜たちの集まっているところに来て、「声の最も厭わしいのはロバの声である」〔クルアーン：三一　ルクマーン章一九節〕というクルアーンの章句にふさわしい異教徒の言葉で「中に入れ！」と叫んだ。中に入る時に三個の黒パンと木製の椀に入ったスープを渡された。椀は犬の皿の類で、スープは「（喉に）痞《つか》える食物があり、また痛ましい懲罰がある」〔クルアーン：七三　衣を纏う者章一三節〕という文言そのものである［*Sergüzeşt*: 74］。

これによると捕虜たちには最低限の食事は与えられていたようであるが、どうやら食事の内容も食器さえも彼の気に召さなかったらしい。オスマン社会でそれなりの地位にいた彼のイスタンブルで口にしていた食事はさぞ豪華であったことだろう。それと比較すると黒パンにスープとはいかにも粗末なものであった。その上、獄吏が話す異国の言葉も聞きなれないものであり、その耳障りな響きも彼の気に入らなかったようである。

（3）牢獄の環境

マジュンジュザーデは牢獄について次のように記している。

牢獄に入ると、空気が悪くて水が濁っていることを知った。門の向かい側に便所と、水溜めの形をしている上の開いた二つの石箱がある。水は澱んでいて使用済みのものであり、実のところは雨水であった。井戸に来るまでに通りの犬や豚の汚物や屋根の屑や塵、ごみを洗い流しながら集まったようである。この地方に川はない。井戸は地獄の底のようであり、捕虜が大勢いるために数多く存在している［*Sergüzeşt*: 74］。

これによると、牢獄の衛生状況は芳しいものではなかったらしい。湧き水や河川など水源の豊富な土地から来たマジュンジュザーデにとって、動物の汚物や屋根の塵芥を含んでいるというのは言い過ぎとしても、雨水を飲用などに供するというのはよほど衝撃的なことであったのではないか。

（4）他の捕虜たちとの交流

私掠船の襲撃により同行者や知人を失い、単身（いっしょにいた従僕の行方は不明）異国に連れて来られたマジュンジュザーデは孤独の身であり、「中に知己はだれもなし［*Sergüzeşt*: 75］」と語るほどであった。しかし、前述のハーシムという、牢獄生活を送る中で次第に他の捕虜と親しく交流するようになっていったようである。牢獄の中には中庭を囲む形で居房が並んでおり、捕虜たちはそれぞれ決まった居房で寝起きすることになっていたが、他の捕虜の居房と自由に行き来することも可能であった。マジュンジュザーデは孤独を紛らわせるため、親しくなった他の捕虜たちのもとをたびたび訪ねていた。例えば、マジュンジュザーデは「ハーシム・エフェンディの居房が千種類もの不幸にまみれていることを知り」、マルタに来た最初の四日間をハーシムの居房で過ごしている。マルタに連れて来られたばかりで意気消沈しているマジュンジュザーデは、ふいに虜囚においては先輩にあたるハーシムに泣き言を漏らしている。

会話の途中で例えばわたしが「我らの状況といえば死体洗浄人の手にある死体のようなものですね」と言うと、〔ハーシムの〕この悲しみで満ちた心から千の魂を込めた祈りが死を断ち切った。一年がこの祈りにより耐えられた。死を望むことが正しくないとはいえ、

死はよほどまし　哀しみや惨めさよりは

神の命にそぐわないために行動に移せなかった。他の捕虜たちからの我らの無念なありさまについての問いに答えることができなかった。思索の海で立ち止まり話すことができずに黙り込んでいた［*Sergüzeşt*: 75］。

マジュンジュザーデはハーシムに励まされていくらかは慰められたようである。ハーシムの居房には他にも同じような思いを抱えた捕虜たちがやって来ていて、マジュンジュザーデと会話をしたりして時を過ごしていた。

ハーシムの居房で過ごした四日間の後、別の捕虜であるセイイド・メフメト・チェレビーやイブラヒム・チェレビーから招待を受けて、彼らの居房を訪問した。メフメト・チェレビーの父親は故アリー・エフェンディという人物で、親類にマラシュのイスラーム法官であった故コジャ・アヒーザーデ・エフェンディがいる。イブラヒム・チェレビーはメフメト・チェレビーの叔父で、帝国伝令官（dergâh çavuşu）のアブデュルヴェッハーブ・チャヴシュの息子である。また、メフメト・チェレビーには給与額が四〇アクチェのマドラサ（イスラーム諸学の高等教育施設）の教授を務めていた義理の息子もいた。その人物は教授職を罷免された後、メッカ巡礼隊長のイスラーム法官に任命されて海路を航行する途中、同じように私掠船の襲撃を受けて命を落としたらしい。つまり、メフメト・チェレビー一家はイスラーム法官や中央官人を輩出する家柄であった。同じくイスラーム法官のマジュンジュザーデに親しみを感じたのであろうか、あるいは独り身で虜囚の目に遭った彼に同情したのかもしれない。居房にはメフメト・チェレビーの母御であるサキネ・カドゥンや彼の夫人、それにタベンデという名前の侍女もいた。どうやら家族で航行中のところを私掠船に捕まったらしい。母御ら女性陣はマジュンジュザーデを手厚くもてなし、彼が、

ご母堂やメフメト・チェレビーのご婦人方はみな、限界を超えるような囚われの状況において、このみじめ

な者に対して全くの善良さで接してくれた。彼らの善良さがいつまでも続きますように。その者が必要なように手を取ることを知っている［*Sergüzeşt*. 76］。

と言ってその心遣いを絶賛するほどであった。以降、マジュンジュザーデは「その善良な者たち」と一緒に過ごすことが多くなる［*Sergüzeşt*. 75-76, 88, 102］。

他にも、マジュンジュザーデは牢獄の「箒係《ほうき》」であったハジ・ハサンの居房にも寝泊りしている。「箒係」とは掃除当番のことであろうか、捕虜の間で清掃などの牢獄生活に関する担当が割り振られていたことが分かる。ハジ・ハサンの居房は牢獄に入って左手すぐのところにあり、マジュンジュザーデに言わせれば「〔居房が〕地獄の一角と言って宣誓したら正しいと認められるほど」ひどい場所であったらしい［*Sergüzeşt*:78］。

（5）入院

マルタに連行されてから約一月後の六月一六日に、マジュンジュザーデは重い病に倒れてしまった。捕虜ゆえの心労が祟ったためか、あるいは粗末な食事と不衛生な牢獄環境のためかもしれない。夏には南方から熱いシロッコ風が吹きつけるため、慣れない暑さにバテてしまったことも考えられる。監獄の役人による夜間の見廻りもまたマジュンジュザーデの心労を増やす原因であった。その役人は第六監視人（Argozi／Argousin）のアントワン（Antoin）という人物で、毎晩捕虜たちが寝静まる頃になると、各居房を廻って捕虜たちの数をかぞえては「よし（tamam）」と言って確かめていくのである。マジュンジュザーデはその声を聞くたび、自分が囚われの身であることを一層実感させられたのであった［*Sergüzeşt*. 76］。

異教徒の手もとに囚われてから　数えるたびにいつも
わが心の不安が消えることはなかった　完全（tamam）には［*Sergüzeşt.* 76］

いずれにせよ、彼はマルタにあるサン・ジョヴァンニ病院に入院することになった。船上で私掠船に身ぐるみを剥がされた時の暴力性とは反対に、病気になった捕虜には手当てが施されていた。私掠船にとって捕虜は商品であるため、健康管理には注意が払われていたのであろう。他の捕虜に病気が伝染するのを防ぐために隔離する意味もあった可能性がある。ただし、入院中に彼がどのような治療や待遇を受けたのかについては語られていない［*Sergüzeşt.* 76］。

入院中、メフメト・チェレビーらが見舞いにやって来た。捕虜は基本的に牢獄に閉じ込められていたが、「見舞い」という形で外に出ることが許されていたようである。メフメト・チェレビーたちにとっても、友の体の心配とは別に、普段籠っている牢獄から出られることは気晴らしにもなったにちがいない。マジュンジュザーデはメフメト・チェレビーらの訪問をとても喜んだ。彼の体調は快方に向かい、二ヵ月後に退院した［*Sergüzeşt.* 76］。

（6）私掠船に襲撃された時のことを思い出す

長い入院生活を終えて久しぶりに牢獄に戻ったマジュンジュザーデは、日中の間ずっと中庭を「気を張らずに」歩き回って「実に気楽であった」。その時、友人のイブラヒム・チェレビーがやって来て、マルタ私掠船の襲撃を受けた後で行方知れずになっていた件《くだん》のマジュンジュザーデの詩集が、別の捕虜のもとで見つかったことを教えてくれた。マジュンジュザーデは急いで居房に戻ってその詩集を書写し始めた。詩の文言を書きつけながら彼は私掠船に略奪された時を思い出していた。私掠船に持ち物をまるごと奪われ、身ぐるみを剥がされて裸一貫になり、絶望して咽び泣いた時のことを。そして次のように詠んだ。

ああ　わたしを深い哀しみの中で痛みに涙を流させる運命
友をため息と涙に暮れさせる運命

異教徒のもとで涙にまみれるわたしを狭い牢獄に置き去りにして
ふるさとが恋しい気持ちにさせて　昼も夜も涙をこぼさせる運命

どうしようもない悲しみの漂う茫漠の中でぽつりぽつりと語らせて
哀しき囚われの身にして　わたしの敵を笑わせる運命

くだらない話でいく日か望みを与えるものとはいかに
おとぎ話で終わりを世に語るしかない運命

今　上等な着物を剥いで粗衣を着せて
借り着も脱がせてわたしを裸にした運命

救いの顔をもう一度見せてくれるか
幸運の星座の上に星を輝かせる運命

今　ぞんざいにして屈辱的な蹴りを入れた
ほら歩いてゆけと　ムスタファを土くれにまみれさせる運命［*Sergüzeşt*: 76-77］

（7）ムスリムとしての勤め

ムスリムである捕虜にとって、礼拝など日々の勤めは欠かせないものである。それは異郷の地にあって囚われの身の上であっても同じことであった。マルタ側も捕虜の宗教活動には配慮しており、牢獄の一角にムスリム捕虜のための礼拝所（マスジド）を設置していた。ムスリムの一週間で最も重要な金曜日の夜になると、捕虜たちは礼拝所にやって来てお祈りをしたり夜籠りをしたりした［*Sergüzeşt*: 76］。マジュンジュザーデも礼拝所に来ては、「二つあるあなた様のお情けのうち一つによって、この万策尽きた捕虜を異教徒の手元から解放してください［*Sergüzeşt*: 87］」と言って祈りを捧げている。断食月にも捕虜たちはここでお祈りをした［*Sergüzeşt*: 88］。

また、礼拝所以外にも牢獄の居房で宗教行事を行うことも認められていた。マジュンジュザーデは断食明けの犠牲祭（動物の供犠を行う祭り）の時に、他の捕虜から食事に招かれて一緒に祝っている［*Sergüzeşt*: 94］。マルタの人々も異教徒の捕虜に対して宗教的な配慮を見せていたようである。

（8）他の捕虜の密告

マジュンジュザーデがマルタに来て約三ヵ月、虜囚の暮らしにもようやく慣れて来た頃、事件が起こった。彼は次のように記している。

こうして日々が過ぎていき、悪しき行いをする敵が犬のようにバウバウ言わず煩わせてこない時――彼らの家々で我らの耳が信仰深く静かである時――、何人かの悪しきことを望み企む者、嫉妬する者らが、平穏さの上にとどまることを望まないために、内紛の炎を燃やした。〔彼らは〕害悪の山々の欲するところに従い、牢獄長のファーレ・マリアン（Fare Marian）という名前の隻眼の大監視人に、「こちらのイスラーム法官ら（マジュンジュザーデら）がチェレビー（メフメト・チェレビーやイブラヒム・チェレビー）らの家で集会を開いて何やら話し合いをしています」と告げ口をして害悪を撒き散らした。〔大監視人は〕我らの脚に鉄の棒を打ち据え、サファル月の初日（一五九七年九月一三日）に我らを牢屋に閉じ込めた。神の助けによって〔マジュンジュザーデらは〕サファル月の二一日（一五九七年一〇月四日）に牢屋から出て、決められた場所で最初のように自らあるべき状況に戻った［*Sergüzest.* 77］。

これによると、他の捕虜たち数名が、マジュンジュザーデとメフメト・チェレビー一家が集会を開いて何か企んでいると牢獄長に吹き込んだため、マジュンジュザーデらが罰せられることになったのである。捕虜同士の交流は自由であったが、マジュンジュザーデとメフメト・チェレビー一家は他の捕虜から見ても少し親密過ぎたのかもしれない。密告した捕虜たちとマジュンジュザーデらとの関係ははっきりしないが、彼らの間に何かトラブルが生じていたのかもしれないし、密告者たちが牢獄長に何か見返りを期待しただけかもしれない。あるいは単に退屈しのぎや憂さ晴らしでやったことかもしれない。運命を共にする捕虜たちの間でも内輪揉めは避けられなかったようである。

とにかく、密告のせいでマジュンジュザーデらは鉄棒を打ち据えられる苦痛を受け、約三週間にわたって牢屋に閉じ込められる目に遭ったのである。結局マジュンジュザーデらの身の潔白が明らかとなり、密告者たちは処罰されることになった［*Sergüzest.* 77-78］。

(9) マルタ人から嫌がらせを受ける

断食月になると、捕虜たちは連日のごとく礼拝所で祈りを捧げて過ごしていた。ところが、聖なる夜(kadir gecesi)の翌朝(一五九八年五月三日)に次のような出来事が起きた。

我らは大砲を置く城壁に連れて行かれ、そこで非難や罵りの言葉を浴びせられながら槌で打ちのめされた。我らのもとに見張りも派遣された。(中略)マルタの小人(oglan)どもは彼らの言葉で我らの宗教(イスラーム)を悪く言い、預言者様(ムハンマド)を侮辱してその人物や資質にそぐわない無意味なことを並べ立てた。我らの顔に唾を吐きかけ、針のように突き刺す言葉で痛めつけ、ひどい扱いをして石を投げつけた。祝祭の日(一五九八年五月七日)、不潔にまみれ善良さとはほど遠い牢獄長は情けを示して我らを帰させた[*Sergüzeşt*: 88]。

マジュンジュザーデらムスリム捕虜たちは、マルタの人々から宗教や預言者を侮辱され、身体的屈辱を受けたのである。それも断食月の聖なる夜の直後というムスリムにとって特別な意味を持つ日をわざわざ狙って行われたのであった。嫌がらせは断食月が明けて砂糖祭[10]が来るまでの四日間続いた。

牢獄に戻ったマジュンジュザーデはメフメト・チェレビー一家の居房に来て砂糖祭の祝いの挨拶を交わしたが、一同は「災難が降りかかり、混乱の谷に落ち、沈黙と茫漠の最中にい」る状態であった。メフメト・チェレビーの夫人はため息をつきながら、「以前、義理の息子であるバーキー・チェレビーが、四〇アクチェのマドラサから罷免されて巡礼隊長のイスラーム法官になりましたが、船上で殉死しました。(中略)今あなたに降りかかった災難は我らにも起きたことです。とは言え耐え忍ぶほかはありません[*Sergüzeşt*: 89-90]」と言って、マジュンジュザーデを慰めている。
砂糖祭の二日目（一五九八年五月八日金曜日）にも、再びマジュンジュザーデらは城壁に連れ出され、「建物に石や土を積め」と命じられて労役に駆り出された［*Sergüzeşt*: 92］。

（10）同行者の死

ちょうどその頃、他の捕虜仲間たちが「これほどの長い間、何の手だてもなくこの苦しみや困難、災難を受けて」病に倒れてしまった。マジュンジュザーデは一～二週間ほどの間じゅう彼らのところを行き来していたが、その甲斐もむなしくついに彼らは息を引き取った。彼は死者の傍らに来ると、

「異郷で誰も涙を流さないが、わたしはそうするのだ」と言って、別れの挨拶をするために黒い服を着る必要があったが、パレ（ヨハネ騎士団の宮殿）の衣装を変えなければならないほど、ため息のけむりで被り物が真っ黒になった［*Sergüzeşt*: 93］。

と語るほど深い悲しみに沈んでしまった。捕虜仲間の死に大きな衝撃を受けたため、彼は数日の間病の床に臥せった［*Sergüzeşt*: 92-93］。

（11）外界との接触

マジュンジュザーデら捕虜たちは、基本的にいつも牢獄内に閉じ込められており、入院している他の捕虜の見舞いや、マルタ側からの要請がある時を除いて外に出ることができなかった。『冒険譚』を見る限り、表の出来事に

関する話は捕虜たちの耳には届かなかったようである。

しかし、捕虜たちが外の情報を得る手立てはあった。それはマルタへ新たに連れて来られた捕虜たちが持ってくる話である。マジュンジュザーデは、新参の捕虜たちから、ジェッラーフ・メフメト・パシャという人物が新たに大宰相に就任したことや、シェイヒュルイスラーム（オスマン朝における宗教的知識集団の頂点に位置する職位。対外戦争の開始やスルタンの改廃などの政治的重要事項の決定に関わる法学裁定を出した）のボスタンザーデ・エフェンディが逝去したことを聞き知ったのである［*Sergizest.* 106］。

もう一つは、捕虜が解放されるための協力を母国の人間に要請する場合である。これについては次節で見ていく。

四　解放へ

1　身代金交渉

マルタ人に屈辱を浴びせられた砂糖祭も過ぎてしばらくした頃、マジュンジュザーデら捕虜たちは自らの身代金額を決めるためマルタ人のもとに呼び出された。その時のやり取りについて彼は次のように記している。

それからしばらくして、「おまえたちの値段を決めよ」と言って、コンド（Kond）と呼ばれる場所で我々を〔彼ら（マルタ人）の〕目の前に引き出した。「おまえたちの身代金としていくら支払うのか？」と〔彼らが〕聞いたので、我々は申し出て「三〇〇金を支払いましょう」と答えたところ、〔彼らは〕一〇〇〇枚を要求した。「それは無理です」と言うと、彼らは「もういい。〔別の捕虜であるアブドゥッラフマンは〕どこだ？」と言って、アブドゥッラフマン・カーディーを呼び出して問うた。〔アブドゥッラフマンが〕「四〇〇フローリンを支払いましょう」と答えると、〔彼らは〕

彼に対しても我らに言ったのと同じように答え、「城壁〔へ行け〕！」と叫んだ。これほど長い時間ずっと頭を覆わずに見えた状態で、恥ずかしい思いをしながら彼らの目の前に留まった後、絶望に打ちひしがれて牢獄に戻った。カーディー・ハーシム〔という名前の捕虜〕の値段が五〇〇フローリンに決められた(11)［*Sergüzešt*: 93-94］。

マジュンジュザーデら牢獄に収容されている捕虜たちは、ガレー船の漕ぎ手や家内労働等に供するため市場で売り買いされる捕虜とは異なり、身代金をゆすり取るための元手であった。それゆえ、食事その他捕虜たちの健康管理には最低限ではあるが気が配られていたのである。私掠船が捕虜を市場で売り買いするか、自分の所有物にするか、あるいは身代金をゆする道具にするのかどのように振り分けているのか根拠は明確ではない。しかし、掠奪した時の捕虜の身なりや身の回り品、従者の有無などでその者の社会的立場や経済力はある程度推し量ることができるだろう。『冒険譚』に登場する限りではあるが、牢獄に囚われていた捕虜たちは皆、マジュンジュザーデをはじめとするイスラーム法官やその近親縁者、船長、あるいは名前に「ハジ（メッカ巡礼者を意味する称号。メッカ巡礼を行うことができるのは富裕層に限られる）」の尊称が付く金持ちのいずれかであった。

捕虜たちにはそれぞれ身代金の額が定められるわけだが、一応最初にマルタ側が捕虜たちに支払う金額を言わせているのは興味深い。とは言え、実際のところはすでにマルタ側の方で望む金額が決まっていて、それに同意しない場合は頭のターバンを脱がせた状態でその捕虜を長時間立たせる、という地味な辱めを与えたのである。

この時、マジュンジュザーデの知己であるハーシムの値段が決まったが、マジュンジュザーデの値段については保留されていた。またしばらくして、二回目の交渉の日がやって来た。

我らはしばらくこうして待った。「神よ、異教徒の悪行から我らを護り給え」と言って待っていると、ズー・アル＝ヒッジャ月の犠牲祭の日〔一五九八年七月一四日火曜日〕、〔彼らは〕再び我らに「その場所に行くぞ」と言い、ベデステンの門のような牢獄の門の前で奴隷を並べるように〔マジュンジュザーデらを〕並べ、しばらくするとどこかへ行った。昼前まで待った後で、呪われし者ら〔マルタ人〕の一人に「〔おまえたちは〕コンドに来なかった」と言われて、最初の時のように再び拒絶されて〔牢獄に〕戻った。〔中略〕何度このように行き来したことか［*Sergüzeşt*: 94］。

二回目の交渉は犠牲祭[12]の初日に行われることになっていたが、マルタ側との行き違いで結局交渉の場は流れてしまった。マジュンジュザーデは悲嘆に暮れて座り込んでいたが、捕虜仲間から犠牲祭の食事に招かれたので出掛けて行った。食事の席で彼は一遍の詩を詠み、異国の地で虜囚としてイスラームの祭を祝う状況を皮肉に語っている。

安穏と暮らす人々がみな　歓喜の中でほほ笑む祝祭〔'īd〕
わたしは非難の中にいるマルタの捕虜である　涙を流す祝祭

牢獄の隅で不安に取り残され　悲しみに打ちひしがれているのに
すべての同胞が歓喜に酔いしれる祝祭

これはいかなる巡り合わせか　ある時は食卓を広げてもてなしていたのが
わたしをほかの食事の席に寄生させる祝祭

食べたのは苦しみと不安　飲んだのは内から滴る血

今日は友人たちがお祭り騒ぎに明け暮れている祝祭
服喪（ʻīd-i esved）であると言ってくれるな　大目に見よ　文句を垂れるなかれ
ムスタファはかよわき旅人　客人である祝祭［*Sergüzeşt*: 94-95］

それからマルタ側と何度も同じようなやり取りを繰り返した後、ついに「一〇〇七年サファル月四日土曜日（一五九八年九月五日）に、五〇〇フローリンが八年間捕虜であったハーシム・エフェンディに課され、我らの身代金も五〇〇フローリンに決められた［*Sergüzeşt*: 95］」のである。マジュンジュザーデは自分の身代金額が五〇〇フローリンに決まったことについて紀年詩を詠んだ。

かつてわが身は天空にあったのに
今はみじめで哀れなマルタの虜囚
牢獄の隅で囚われたまま
助けよ　わが心の苦しみは限界を超えた
サファル月四日土曜日に
悪しき者らが値を決めた

神よ　あなたの偉大さでわれを自由にし給え
ちっぽけなムスタファ（マジュンジュザーデ）を悲しみに捨ておくなかれ
値を問わば日づけが答えになる
ああ　わが値は五〇〇金となりし Kesildik âh bahamız beşyüz altun（H. 1007/一五九八年）［*Sergüzeşt*. 96］

この詩の最後から二番目の行で「値段を問わば日づけが答えになる」と言っているように、その次の最後の行「ああ　わが値は五〇〇金となりし」は丸ごとアブジャド数字になっていて、各アラビア文字の数字を足していくとその出来事が起きたヒジュラ暦の年である一〇〇七になるのである。こうして、マルタに連行されてから約一年と三ヵ月経ってようやく、マジュンジュザーデの身代金額が決定されたのであった。

ちなみに、身代金は基本的に現金払いであったが、現金以外でも支払われることがあった。例えば、デルヴィーシュという名前の捕虜の身代金はオリーヴ油で支払われている［*Sergüzeşt*. 99］。

2　母国への助力嘆願

(1) スルタン、母后

マルタ側との「話し合い」で身代金額が確定すると、捕虜は母国の人間に頼んで身代金の支払いを肩代わりしてもらう必要があった。捕虜に課された身代金は高額であるため、支払うことができる人物は相当の財力を持つ者に限られていたが、『冒険譚』を覗く限り、マジュンジュザーデには特にそのような親族や縁者はいなかったようである。そこで、マジュンジュザーデは母国オスマン朝のスルタン（オスマン朝の君主）に直にお願いすることにした。

オスマン朝では大宰相をはじめとする最上位の官人はスルタンの御前で、州総督や県知事、イスラーム法官は文書の形で上奏することができた［İA,"Arz"］。国外に虜囚状態にある場合については今後の検討課題であるが、とにかく法官であるマジュンジュザーデには文書でスルタンに上奏する権利があったのである。

実は、身代金交渉に先立って一五九八年二月二三日に、マジュンジュザーデは一度時のオスマン朝スルタン、メフメト三世（在位一五九五―一六〇三年）に二つの詩を書いて送っている。何でも、捕虜仲間のハジ・ハサンの解放が決まったある日、マジュンジュザーデが他の捕虜仲間のアブドゥッラフマン・エフェンディやハーシム・エフェンディといっしょに礼拝所で夜籠りしていた最中、スルタンに直訴することを思いついたらしい。スルタンに献呈する詩をしたためて、オスマン朝に向けて出発するハジ・ハサンに託したのであった［*Sergüzeşt*: 78-79］。

故郷を思うたび　目はうっすらと濡れ
別離に心は痛み　波打ち
悪しき運命はわたしを美しく色づけた
マルタの虜囚となった　嗚呼なんと醜きことか

信仰のない異教徒は　われらを囚われの身にした
われらを助け給え　救いを求むる者らの救済者よ

神の千と一つの輝かしい名のために
愛されしムスタファ（マジュンジュザーデ）の尊敬の念のために

すべての預言者らの近さのために
あらゆる聖者の尽力のために

信仰のない異教徒は　われらを囚われの身にした
われらを助け給え　救いを求むる者らの救済者よ

なんと多くの者らが苦しみに横たわっていることか
ハジ（メッカ巡礼者の尊称）　カーディー（イスラーム法官）　エシュラーフ（貴顕）
時のスルタンの正しき御心にそぐわない
エシュラーフに無礼をはたらき苦しめることは

信仰のない異教徒は　われらを囚われの身にした
われらを助け給え　救いを求むる者らの救済者よ

イブラヒム（クルアーンに登場する預言者、旧約聖書のアブラハム）のカアバ建設は正しい
あらゆる導師の導きは正しい
捕虜の受けし不正は正しい
貧者のため息や嘆きも正しい

信仰のない異教徒は　われらを囚われの身にした
われらを助け給え　救いを求むる者らの救済者よ

わが過ちの数えきれないほどを知り
罪の分だけ責苦《せめく》を負わすなかれ
ムスタファ（マジュンジュザーデ）の問いかけに答えはなく
ただ　あなた様より扉の開くのを待つ

信仰のない異教徒は　われらを囚われの身にした
われらを助け給え　救いを求むる者らの救済者よ［*Sergizest.* 79-80］

続けて、

嗚呼　幸運な王国の君主であられし世界の王よ
清廉さの主という言葉にふさわしく　幸運が降りそそぎますように

神の助けがありますように　助ける者がいつも勝利の近くにいるような
安寧にあらせられますように　導く者がどこへ連れて行こうとも

神の命ずるまま　神の道にしたがい聖戦をなされた
宗教の敵に向かいては　いつも刃の上にありますように

神よ祝福なさいませ　エゲル城を征服された
これほどの支配者は他にあろうか

偉大なる父祖の誰しも成しえなかった聖戦をなされた
これが神からの贈り物でなくて何であろう

不当に扱われしわれらはマルタに囚われ
スルタンよ　昼も夜もため息をついて嘆くのみ

あなたさまのしもべよりほかに　三人のカーディーも囚われたまま
正しさを求むる心のため　すぐに異教徒のくびきから解き放ちください

シャー・メフメト・ハーン・ガーズィー（メフメト三世）　時の旗手なる者よ　救い主よ
われらをマルタで　涙にまみれ苦しみに焼かれるままになさいませぬよう　救い主よ

なんと多くの救われるべき捕虜が牢獄に繋がれていることか

碩学《せきがく》の徒　有徳の士　サイイド（預言者ムハンマドの子孫）　清貧者
彼らのひとりは我らのカーディー・アブドゥッラフマン
ひとりは年老いたクルアーン注釈者カーディー・スィナン
ひとりは巡礼者でその名はハーシム　そしてカーディー
学者も軍人も　苦難の隅に耐え
ひとりはわたし　あなたのしもべ　バフのカーディー
世界の王者をたたえし　忠実な祈り人
昼も夜もみな　祈り　願う
この哀れな者たちに　スルタン・メフメトの手が差しのべられんことを
正しきことによる学問への敬意こそ肝要であるからして　王よ
血の涙を流して　盲になったほど
四人の教友の愛にかけてお救いくださいさい　我ら四人にいかなる手だてもなければ
異教徒の手もとで卑しさの中に　無意味で無力のまま棄て置きませぬよう

シャー・メフメト・ハーン・ガーズィー　時の旗手なる者よ　救い主よ
われらをマルタで　苦しみに焼かれ涙にまみれるままになさいますよう　救い主よ

異教徒から受ける苦しみや痛みで病となり　助けよ
神は知る　甘美な我が命は疲れてしまったことを　助けよ

わたしを救おうとする得がたき者はおらず
不安と懸念と苦しみと悲しみの中で　どうしようもなし　助けよ

一三〇〔アクチェ〕のバフのカーディーでありし時　このみじめな者は
今はマルタで異教徒のくびきに囚われの身　助けよ

われら　死体洗浄人の手元の死体の如くなりし
罪深きわれを助け給え　神よ　助けよ

愛されし寛大な御心よ　わたしをここから自由にし給え
スルタンよ　あなた様よりほかに誰に頼ればよいでしょう　助けよ

足元にひれ伏すわが目に効く宝石の如き薬
あなた様の土地にたどり着くことはたやすいでしょうか　助けよ

神から運命を与えられて　道にわが命を投げ出すなら
取るに足らないしもべは　よろこんで受け入れましょう　助けよ

シャー・メフメト・ハーン・ガーズィー　時の旗手なる者よ　救い主よ
われらをマルタで　苦しみに焼かれ涙にまみれるままになさいませぬよう　救い主よ

神の影たるあなた様　世に秩序を与える清きお方
その公正さにより　四方の民は安寧のもと

あなた様で君主のあるべき形が定まったと言うにふさわしい
あらゆる物事にシャリーア（イスラーム法）とカーヌーン（法令）で秩序を与えられた

神よ　恐怖や危険からあなた様をまもり給え
現世と来世であなた様の望みを叶えられますよう

われらの上から影を消し去るなかれ　神よ

王国のため個も全体も祈りしことは欠かせない
われらが囚われの身になりむせび泣くのは　ふさわしきことか
宗教と王国の敵が絶え間なく親しい中で

虐げられし者を憐み　自由にしてください
審判の日まで王の善行が名声とともに思い出されますように

すべての人々を地獄の炎から救い出す　神よ……

シャー・メフメト・ハーン・ガーズィー　時の旗手なる者よ　救い主よ
われらをマルタで　苦しみに焼かれ涙にまみれるままになさいませぬよう　救い主よ

神から価値や高尚さを与えられし
わがスルタン　神の公正さで——神に感謝し給え——この善良さを高めし

学者　有徳の士　長老　サイイドの貧者
マルタの異教徒の牢獄で苦難に喘ぎ

「慈悲を掛ける者には慈悲が掛けられる」と神に愛されしお方（預言者ムハンマド）は仰られた
ムスタファの絶望的なありさまにも　お慈悲を掛けられますよう

この者らを救うことに力を尽くし　来世への準備をなさいませ
ご存じのはず　この世の王国など一時の影にすぎないことを

お助けください　不自由な一隅で涙にまみれつつ悲嘆するままにしないでください
預言者たちや聖者たちが　あなた様をお助けくださいますよう

時の王を讃える学者でありクルアーン暗誦者であるのに
ここで辛苦を舐めることはふさわしいか

学問とクルアーンの仲介者となった　わたしをお助けください
完全であらせし神のため　偉大な御名への敬意のため

シャー・メフメト・ハーン・ガーズィー　時の旗手なる者よ　救い主よ
われらをマルタで　苦しみに焼かれ涙にまみれるままになさいませぬよう　救い主よ［*Sergüzeşt*: 80-84］

最初の詩では、前置きとして、マルタの捕虜となっている今の自分の境遇を明らかにしつつ、スルタンからの助けを待つ身であることを伝えている。次の詩では最初の部分でスルタン・メフメト三世を祝福して彼の事績を讃えてから、より具体的な話に入っている。そこではアブドゥッラフマン・エフェンディやスィナン・エフェンディ、ハーシムといった三人のイスラーム法官と自分の計四人の名前が挙げられている。「正しきことによる学問への敬意こそ肝要であるからして」と言って、学問の徒である自分たちの尊重を呼び掛けつつ、「四人の教友の愛にかけてお救いください　我ら四人にいかなる手だてもなければ」という一節でイスラームの四人の教友（イスラームの正統カリフであるアブー・バクル、ウマル、ウスマーン、アリー）と四人いる自分たちを重ね合わせて重要性を強調している。同時に、「審判の日まで王の善行が名声とともに思い出されますように」と言ったり、「この者らを救うことに力を尽くし　来世への準備をなさいませ　ご存じのはず　この世の王国など一時の影にすぎないことを」と言ってスルタンの宗教心に訴えかけることも忘れていない。

この時、マジュンジュザーデはメフメト三世といっしょに、メフメト三世の母后サフィイェ・スルタンに対しても、「神の助けにより学者や貧者、捕虜たち皆へのお慈悲や寛大さがあることを望み、不幸に見舞われ疲弊しきった虜囚状態から解放することに躊躇されませぬよう［*Sergüzeşt*: 85］」と言って詩を献呈している。一節一項で見たように、一六世紀末のオスマン朝宮廷ではスルタンの母后が内外の政治に大きな発言権を持っており、マジュンジュザーデもおそらくそのことを良く知っていた。彼はスルタンをも凌ぐほど強大な母后の影響力を見込んで、自身の解放に関して彼女の口添えを期待したのである。マジュンジュザーデが母后に送った詩の一部が次の通りである。

……あなた様はアーイシャの性質やファーティマの心ありと言うにふさわしい
公正の玉座で統治なさる時の光たる

サフィィェという清らかな御名のごとく　邪さや偽りにまみれぬ清き（サーフィエ）御心《みこころ》
神よ　母后の欠けたるところを見せ給うな

聖なる夜の翌日　水曜日のこと　四隻の船現れ
気づけばシェルデンブルヌ　そこは襲撃せし輩どもの縄張り

あなた様の公正のもと　ふさわしくありましょうか　わがスルタン
今マルタで艱難　辛苦　抑圧に喘ぐは

（中略）

水飲み場や学校、モスク、慈善施設を造るよりも　巡礼よりも
捕虜を解放することに神のお恵みがありましょう

（中略）

我が値は五〇〇金なり　彼らはあなた様のしもべに求むる
識者の智慧にとって　価値はなし

叡智のきらめく神よ　穀粒にも長衣にも力はなく
ムスリムの金庫から命じられることを　望む

（中略）

美しきスルタン・メフメト（メフメト三世）のため　お救いなさいますよう

あなた様のしもべ　マジュンジュザーデ・ムスタファにお情けくださいますよう……［*Sergüzeşt*: 85-87］

この詩もサフィイェ・スルタンの賞賛に始まり、彼女をアーイシャ（第一代正統カリフであるアブー・バクルの娘で預言者ムハンマドの寵愛の妻）やファーティマ（預言者ムハンマドの娘で第四代正統カリフであるアリーの妻）といったイスラームで神聖視される女性になぞらえつつ、彼女の名前であるサフィイェを同じ語根から成る「サーフィエ：清い」という語に掛けて讃えている。これらはともにアラビア語由来の言葉であるが、アラビア語は基本的に三つの語根から成り、それが派生して様々な語彙や動詞の活用形が生まれる。サフィイェもサーフィエもどちらも「清くなる」という意味の「サファー」という動詞から派生した形である。

サフィイェ・スルタンへの詩の内容は、メフメト三世に宛てた詩よりももっと具体的な話になっている。詩の中で、マジュンジュザーデが捕虜となった日付や場所、私掠船の数が明らかにされている上、彼に課された身代金の額にも言及され、支払いを肩代わりしてくれるよう請願している。詩の中でも詠まれているように、サフィイェ・スルタンは主にイスタンブルで学校や水飲み場、モスクなどの建設事業に熱心であったが［İA, "Safiye Sultan"］、マジュンジュザーデは母后のそのような活動やあるいは巡礼よりも、捕虜の解放が先だと言って強調している。詩の文面を見た限りではあるが、この時マジュンジュザーデはオスマン朝の君主であるメフメト三世よりも事実上の権力者である母后の方を実質的な交渉相手として期待していたのかもしれない。

ちなみに、これらの詩を送った日付について一五九八年二月二三日とされているが、これは彼の身代金の額が決定するよりも半年以上前のことであるため、母后宛の詩の中で身代金額に言及されていることは時系列から言って奇妙である。これより後の箇所で、「わたしの値段が定まったことを知らせる手紙をイスタンブルに送った後、例のハジ・ハサンから何も知らせがなく……［*Sergüzeşt*: 98］」とあることから、身代金の額が決まる前にこれらの詩が送られたことは間違いなく、決まった後にあらためてハジ・ハサンに身代金額を伝えていた。真相は明らかでないが、もしかすると回想録として『冒険譚』が書かれる中で、母后に宛てた詩の内容に若干の混乱が生じたのかもしれない。いずれにせよ、最初の詩を送ってからすでに半年以上が経ち、身代金額を手紙で知らせてもスルタンやハジ・ハサンから音沙汰がなかったので、マジュンジュザーデは再びスルタンに詩を送ることにした。一五九八年一〇月にメフメト・チェレビー一家が解放されることが決まった時、メフメト・チェレビーの婦人はマジュンジュザーデに、「……解放のためのご奮闘は容易く受け入れられるものです。スルタン陛下に詩を書いて伝えましょう。神のお許しがありますように、ことが容易になりますように」と言ってスルタンに解放嘆願の詩を上奏するよう勧めている。これを受けて彼はもう一度詩をしたためて送ったのであった。今度の詩では、砂糖祭に城壁で土木作業に駆り出されたことの苦痛や、彼に課された身代金額について触れている［*Sergüzeşt.* 110］。こうして彼は、二度におよぶ詩の上奏を通してスルタンに身代金の肩代わりを嘆願したのであった。

（2）他の捕虜による高官へのとりなし

捕虜が解放のための助力を求めて頼る先の一つはオスマン朝のスルタンや母后であるが、もう一つはオスマン朝の高官であった。特に、捕虜に有力な親類縁者がいる場合、あるいは高官と知己の場合は、その伝手を使って高官に働きかけることができた。例えば、マジュンジュザーデと親交のあったイブラヒム・チェレビーは、中央官人である父アブデュルヴェッハーブ・チャヴシュを介してモレア県知事のメフメト・ベイに解放の手助けを請願している。メフメト・ベイの母はセリム二世の娘ゲヴヘルハーン・スルタンであり、したがってメフメト・ベイはセリム二世の外孫にあたる。アブデュルヴェッハーブ・チャヴシュに動かされたメフメト・ベイは、イブラヒム・チェレビーのために身代金を支払うことにしたらしい。アブデュルヴェッハーブ・チャヴシュはイブラヒム・チェレビーに手紙を送って、「小生のために、モレアのベイ（県知事）でゲヴヘルハーン・スルタン殿下の息子である幸運の持ち主のメフメト・ベイが、『あなた方の解放に尽力しましょう』とおっしゃったそうである」と書いて知らせている［*Sergüzeşt*: 98-99］。

また、メフメト・チェレビーはチュニス州総督のフズル・パシャを頼っている。パシャから一八〇〇フローリンの身代金がマルタ側に支払われて、彼と彼の母親、および召使が解放されることになった［*Sergüzeşt*: 102］。ちなみに、その後彼らはマルタ船に乗ってチュニスに向かったが、どういうわけか船はすぐに目的地に向かわずにマルタに留まって、ようやくかの地にたどり着いたのは四ヵ月も先のことであったという［*Sergüzeşt*: 117］。

『冒険譚』を見る限り有力な親類縁者がおらず高官とのコネクションも持たないマジュンジュザーデは、イブラヒム・チェレビーら他の親しい捕虜の仲介によって高官と接触する機会を得たのである。彼はイブラヒム・チェレビーがモレア県知事のメフメト・ベイから解放の約束を取り付けたことを聞くと、さっそくベイ宛ての手紙を書いて、ちょうど別の捕虜の解放手続きのためマルタに来ていたオスマン朝の非ムスリム臣民に託している［*Sergüzeşt*: 99］。また、チュニス州総督フズル・パシャに身代金を肩代わりされて解放されることになったメフメト・チェレビーから「わたしたちはチュニスに向かうことになりました。あなたもフズル・パシャ閣下に自らの悲惨な状況や冒険譚、身代金についてお知らせなさい。有名な諺《ことわざ》に、『ベイたちの親切には理由が要る』とあります。ぜひ一篇の詩を書いてわたしたちに渡してくださいませんか。善行を忘れぬようにしましょう。あなたの益となりますように」と言われてフズル・パシャに嘆願するよう勧められると、すぐに詩をしたためてパシャに送った。この詩の中で、彼はマルタ私掠船に襲撃された状況の詳細や、バフのイスラーム法官であるという自己紹介、身代金の額、城壁における労役について言及し、解放のための尽力を嘆願している［*Sergüzeşt*: 104-106］。

（3）マルタとオスマン朝の仲介人

ところで、マルタに閉じ込められている捕虜が、オスマン朝の人間と手紙でやり取りをするためには、両者をつなぐ仲介人の存在が不可欠であった。そのような仲介人として、母国に帰還する他の捕虜がいる。例えば、マジュンジュザーデの捕虜仲間であるハジ・ハサンがイスタンブルに帰還することになった際、彼はマジュンジュザーデからスルタンや母后に上奏する詩を託されていた［*Sergüzeşt*: 79, 85］。

これとは別に、オスマン朝の間を取り次いだ。ヤコモという名前の非ムスリム臣民や「フランク人（ヨーロッパ人）」も仲介人としてマルタの捕虜とオスマン朝の非ムスリム臣民は、捕虜の身代金としてオリーヴ油をマルタまで輸送して騎士たちに引き渡した後、捕虜を連れてオスマン朝に戻っている。マルタを出発する際にはマジュンジュザーデからモレア県知事宛ての手紙を預かっている［*Sergüzeşt*: 99］。また、マルコという名のフランク人の商人は、マジュンジュザーデの捕虜仲間であるイブラヒム・チェレビーの御用掛であり、彼の身代金を支払った他に、マジュンジュザーデや他の捕虜宛ての手紙を運んでいる［*Sergüzeşt*: 116］。

『冒険譚』から確認できる事例はこれらわずかに過ぎないが、解放された捕虜はともかくとして、オスマン朝からやって来る仲介人たちが非ムスリムやフランク人であることは目を引く事実である。名前の響きからしてヤコモはギリシア系、マルコはイタリア系に見えるが実際のところはわからない。いずれにせよどちらもキリスト教徒である。彼らはマルタでの商用のついでにこのような仕事を請け負ったのかもしれないし、あるいは捕虜の解放のためにオスマン朝から直接派遣されてきたのかもしれない。オスマン臣民か否かを問わず、キリスト教徒である方が、同じくキリスト教を信仰するマルタの人々との交渉相手にふさわしいと考えられていたようである。とりわけ、オスマン朝の臣民ではなくフランク人であることは、マルタ側との交渉で有利に働いた。イブラヒム・チェレビーの身代金支払いにおいて、「イブラヒム・チェレビーのマルコという商人が一〇〇〇金を支払い、残りは準備中であったが、フランク人であることが知られた〔ため、了承された〕。神の叡智によって遅ればせながらその意味を解することができた［*Sergüzeşt:* 117］」とあるように、フランク人であれば支払いの猶予が認められたのである。

3 オスマン朝への帰還

(1) 他の捕虜が解放されていくのを見送る

身代金の額が決まってから約一月後、マジュンジュザーデが親しくしていたメフメト・チェレビー一家が、チュニス州総督から身代金を支払われて解放されることになった。マジュンジュザーデはメフメト・チェレビーらに所望されて、彼や母御、侍女にそれぞれ記念として紀年詩や他の詩を詠んで献呈した［*Sergüzeşt:* 102］。かねてより「善良な者たち」といって親しい付き合いをしていたメフメト・チェレビー一家の解放に、マジュンジュザーデは心から喜び祝福したことであろう。しかしその一方で、いまだに解放の兆しが見えない自分の境遇にもどかしさを覚えていた。その頃の心境について彼は次のように綴っている。

> 心の苦しみは日に日に増した。この状況の結末や解放される理由はどのようになり得るだろうかと、血の眼からナイル川のように涙がとめどなく流れ落ち、悲しみに満ちた心からため息や呻《うめ》きとともに嘆くこの詩が湧き出た。
>
> （中略）
>
> これによって気持ちを落ち着かせた。夜になると再び動揺し、眠りと目覚めの間で〔うとうとしながら〕聞こえた見えざる声によりこの紀年詩の着想を得、目覚めると詩句が口からあふれ出た……［*Sergüzeşt:* 107-108］

（2）気晴らしに同室の美青年を愛でる

マジュンジュザーデが解放の目途が立たずに落ち込んでいると、ある時彼のもとに捕虜仲間のアブドゥッラフマン・エフェンディがやって来てこう言った。

捕らわれし冒険譚（sergüzeşt）を記す者と運命を嘆く者とは同じではありません。あなたは涙を流し慟哭するままです。この災難や困難、不幸はあなただけに降りかかったのではありません。きっと世の常とはこのようなものでしょう。とりわけ、どれだけ長い年月や玉座の交代による時代の移り変わりの中で、この災難に捕まり足元に繋がれ、呻き嗚咽したことか。呪われし者らのガレー船で櫂を漕ぎ、残酷な手から並々注がれた毒杯をどれほど呷《あお》ったことでしょう。恐れおののき困惑の谷でさまよい自分を見失うのです。見えませんか。その一人は我らの居房にいるマニサル・ハサン・シャーヒーで、輝く太陽もそのまばゆい美しさに恥じ入り、糸杉や牧草も羨むほど蠱惑《こわく》的なその姿かたちに戸惑うほど。彼について一篇のガゼル（gazel 抒情詩）を詠んでみたら……。［*Sergüzeşt*. 112］

アブドゥッラフマン・エフェンディはマジュンジュザーデの塞いだ気を紛らわせるために、同室の美青年を題材に詩を作るよう勧めたのである。イスラーム世界ではたびたび美少年や美青年が恋愛の対象として登場し、数多の芸術作品の主題とされてきたが、オスマン朝においてもそれは例外ではなかった。マルタの牢獄にいる捕虜たちの間でも同じであり、捕虜の中にいる美青年をミューズとして捕虜たちは詩作に耽り気慰めとしたのである。マジュンジュザーデは友人の「強引な要求」に対して、「心は悲しみで満ち、言葉をつむぐ舌には愛のしるしも刻まれません。

あなたの思いに応じられますかどうか」と言って気持ちが進まないことを伝えつつも、「まとまらない言葉で継《つ》ぎ接《は》ぎだらけに綴った詩」を次々に三篇も詠んで詩人としての腕前を披露している［*Sergüzeşt*: 112-113］。

（3）母国の友人たちに恨み節を述べる

とは言え、美青年を讃える詩作に興じてもなお、それは一時の気休めに過ぎず、マジュンジュザーデの気持ちが晴れることはなかった。母国から便りのないままいたずらに時が過ぎる中で、彼はアヴニーやハキーキー、ムフスィン・アガといったイスタンブルにいる友人たちに対して、「誹《そし》りの中で牢獄の片隅に留まるこの捕虜や哀れな者のことを思い出して手紙を書くことをしなかった」と言って腹を立てていた。彼は怒りに任せて「支離滅裂な言葉で」一篇の詩を詠んだ。

手を差し伸べる（アヴニー）まことの（ハキーキー）友は見つからず
抑圧者に囚われたわたしに　情けをかける（ムフスィン）者はいないのか［*Sergüzeşt*: 114］

アヴニーは「手を差し伸べる、助ける」、ハキーキーは「本当の」、ムフスィンは「情け深い」という意味の単語と同義である。マジュンジュザーデは友人たちの名前を詩に詠み込んで、自分のために一つも便りを寄越さないことへの非情さを責めたのであった。その後ですぐさま、「炎の燃えたぎる心を鎮めるために」ユースフ（クルアーンに登場する預言者の一人。旧約聖書のヤコブの息子ヨセフのこと）の逸話を思い出して気持ちを落ち着かせようとした。

ユースフさまが牢獄の苦難を受けようと

神は彼をそこから出し　エジプトのスルタン〔実際は財務大臣〕にした
預言者ムハンマドさまを敬う心を汲んで　お情けからムスタファのことも
異教徒の牢獄に置き去りにしませぬよう　慈悲深きお方よ［*Sergüzeşt*: 115］

しかし、それでもマジュンジュザーデの心が軽くなることはなく、ついに彼は全てが投げやりな気持ちになったのである。

ついにこれらの非難や文句を言い立てることはやめ、決心の手綱や努力の気概は神を信仰する手もとの木の葉のようになり、この地面にへばりつく無力な捕虜は最後の高みへ至る望みを除いて何もかも諦め〔た〕［*Sergüzeşt*: 115］。

（4）解放

一五九八年一二月二九日、諦念に浸っていたマジュンジュザーデのもとにようやく母国から便りが届いた。イブラヒム・チェレビーの御用掛であるマルコが彼に課された身代金を携えてマルタにやって来たのである。マルコはイスタンブルを出発する際にマルタにいる他の捕虜宛ての手紙を預かっており、マルタに着くやマジュンジュザーデら捕虜たちに渡した。その中には以前マジュンジュザーデがスルタンや母后宛の詩を託していたハジ・ハサンからの手紙もあった。ハジ・ハサンはマジュンジュザーデから詩を預かって二月二三日にマルタを出立した後、五月にはマジュンジュザーデに宛てて手紙を出していた。どういう経緯か到着が遅れ、マジュンジュザーデの手元に届けられたのはそれから約七ヵ月後のことであった［*Sergüzeşt*: 116］。

別の手紙には、ハキーキーやアヴニー、ムフスィン・アガ、ヘルヴァジザーデ・メフメト・チェレビーといったマジュンジュザーデの友人たちのことが書かれていた。何でも、友人たちは彼が私掠船の襲撃を受けた際に殉死したものと思い込み、彼を弔うためにクルアーンを全誦していたという。このことを知るや、彼は「神よ、彼らに平安と赦しを垂れ給え」と唱えて、音沙汰の無かった友人たちへの怒りを解いたのであった［*Sergüzeşt*: 116］。手紙を読み進めていくと、マジュンジュザーデが待ちに待った文言が彼の目に飛び込んできた。

あなたを自由にするためにスルタン陛下によって一人の異教徒が解放されることについて、ニシャンジュ・ムーサー・チェレビーが解放の勅令を出させたのである［*Sergüzeşt*: 116］。

これによると、オスマン朝のスルタンは、オスマン朝に囚われている、おそらくマルタ出身と見られる捕虜を解放する代わりに、マルタ側からマジュンジュザーデを引き取る段取りを付けたのである。スルタンから直々に解放されることになり「この吉報に悲哀に満ちた心はすっかり喜びに包まれ」たマジュンジュザーデの口には、次の一篇の詩がのぼった。

これは　死者に語り掛けて蘇らせたイーサー（イエス）の如く
これは　哀れなファラオの軍を敗走させたムーサー（モーセ）の如く［*Sergüzeşt*: 116］

彼は「イーサー」、「ムーサー」と韻を踏みつつ、マルタから解放されることになった事態を新旧約聖書に出てくるイエスやモーセの奇跡と対比させて、溢れる喜びを率直に表している。

さらに喜ばしいことに、友人のムフスィン・アガによれば、以前マジュンジュザーデが解放のための助力を嘆願していたモレア県知事のメフメト・ベイも彼の解放を約束していたらしい。その上、マジュンジュザーデの書いた詩や文章に惚れ込んだのか、あるいは他の人物からの口添えがあったのか知らないが、ベイは「わが県に到着し次第、あるいは今すぐにでもカーディー職を辞してわたしの師になってはいかがか」と言って、マジュンジュザーデが帰国し次第彼を師として迎えるつもりであるという［*Sergüzest*: 116］。

マジュンジュザーデはすぐに友人であるヘルヴァジザーデ・メフメト・チェレビーに手紙を書き、スルタンにお礼として献呈する詩も同封して、解放されて母国に戻ることになったイブラヒム・チェレビーに託したのであった［*Sergüzest*: 117］。

こうして、マルタに連行されてから約一年半後、マジュンジュザーデはようやく解放されることになったのであった。手紙が来たのと同じ日に、彼宛ての出国手形が発行されている。それから一月後の一五九九年一月三〇日に、彼は牢獄にいるすべてのムスリム捕虜たちと礼拝所にて夜の礼拝を行ったことに触れたのを最後に、彼の『冒険譚』は幕を閉じる［*Sergüzest*: 118］。

五 捕虜が「語る」ということ

1 捕虜による「語り」の意味

（1）「捕虜の回想録」についての歴史学的研究

これまでマジュンジュザーデの『冒険譚』に書かれた内容を見てきたが、ここからは『冒険譚』そのものをテクストとして検討していく。捕虜が書き記した内容と、書くという行為の両方からアプローチすることで、捕虜が「語る」ことについてより立体的に見えるようになるだろう。

捕虜の回想録にいち早く関心を寄せたのはヨーロッパ史の分野である。一九八〇年代以降のヨーロッパでは、「一人称」で書かれた史料を読み解く「エゴ・ドキュメント／自己語り史料」研究が流行し、前近代のヨーロッパで多数書かれた捕虜の回想録は「虜囚の語り（captivity narrative）」等と総称されてその一角を占めるものとして扱われてきた［長谷川 二〇〇〇、コリー 二〇一〇］。

こうしたヨーロッパ史における動向と平行して、オスマン史の分野でも捕虜の回想録は注目されつつある。捕虜が異国に連行されて虜囚生活を送ることは強制的ではあるが一種の「旅行」とも言え、捕虜が虜囚体験を綴った自伝的作品は「捕虜記（esâretnâme）」としてオスマン語旅行記（seyahatnâme）のひとつとして数えられてきた(13)。あるいは、ヨーロッパにおける「エゴ・ドキュメント／自己語り史料」研究の隆盛を受けて、オスマン史研究者の間でオスマン語の「エゴ・ドキュメント」が「発掘」され、分析が行われる中で、「捕虜記」もその一ジャンルとして認識されるようになった［Kafadar 1989; 秋葉 二〇一五］。

このような「捕虜記」は、虜囚という非日常的な体験や虜囚生活中に起きた一連の衝撃的な出来事を語ることで人々の関心や憐みを引きつけることを目的としており、そのため内容はしばしば個人の実体験を離れた「大げさ」なものになり得た。中には第三者が捕虜個人を装ったフィクションも紛れ込んでいるという［Kafadar 1989: 131-134; Aydın 2012: 449］。

ただし、そのように先行研究で一括りに「捕虜記」と称される史料群の中に、様々な種類の作品が存在していることには注意が必要だろう。オスマン語で書かれた「捕虜記」のうち海賊／私掠船によって捕虜になった人物による回想録は、現在確認される限りマジュンジュザーデの『冒険譚』を含めて四点存在する。ヒンディー・マフムート（一五一三／一五一四年？〜）『ヒンディー・マフムートの冒険譚（*Sergüzeştnâme-i Hindî Mahmud*）』（一五七一年以降）、ユースフ・エフェンディ『地獄の呪われしマルタ船からの解放と勝利による虜囚マフムート・カプダンの語録（*Makāle-i Zindancı Mahmûd Kapudan Berây-ı Feth u Zafer-i Keştî-i Maltız-i Laîn-i Dûzahmekîn*）』（一六七三年）、エスィーリー（捕虜）・ヒュセイン・ビン・メフメト『冒険譚（Sergüzeşt）』、捕虜アブディー・チェレビーによる書簡（一五二七年）である［İA, "Seyahatnâme,"; Sahillioğlu 1963; İz 1965; Aydın 2012; Hillebrand 2014］。「冒険譚（sergüzeşt/sergüzeştnâme）」や「語録（makāle）」、あるいは手紙といった様々な名前を冠するこれらの作品について、それぞれの形態を踏まえたうえで一点一点その内容が検討されるべきであることは付け加えておきたい。マジュンジュザーデの『冒険譚』以外の分析は今後に期待されたい。

（2）「冒険譚」というジャンル

マジュンジュザーデの『冒険譚』が相当する「冒険譚（sergüzeşt/sergüzeştnâme）」とは、詩や散文を織り交ぜながら出来事やそれにまつわる心情や思索を語るオスマン朝における文学作品の一ジャンルである。**sergüzeşt** はペルシア語の **ser**（頭）に **gozashtan**（通る）という語が連結したのがオスマン語風に訛化してできた単語で、「ある人物に起きた出来事や物語、試練、冒険」という意味を表し、これにペルシア語の **nāme**（手紙、論説）が付いて **sergüzeşt-nâme** となることで、そのような出来事を語る作品一般を指す言葉となる。**nâme** が省略されて単に **sergüzeşt** と書かれる場合もあった。メスネヴィー（mesnevi：各詩行内の前半句・後半句が脚韻を踏む形式の長編物語・叙事詩）やカスィーデ（kaside：同一の韻律と脚韻をもつ一五以上の対句から成る頌詩）、ガゼル（同一の韻律・脚韻をもつ五〜一五の対句から成る詩）、ムハンメス（muhammes：五行連句の繰り返しから成る詩）、ミュセッメン（müsemmen：八行連句の繰り返しから成る詩）、ルバーイー（rubâî：四行詩）といった様々な詩の形式を用いつつ、書き手の旅路や愛、流刑、病気といった出来事や、同時代に対するまなざしや不平、旅の途中に生じた問題、旅で見聞きしたもの、冒険などが綴られ、あるいは比喩表現を駆使して実際の／比喩的な愛を語る場合もあった。現在確認されるだけでも早くて一五世紀後半には「冒険譚」の形態を持つ文学作品が登場しており、以降オスマン朝末期に至るまで様々な人々によって書き続けられてきた［İA, "Sergüzeştnâme"］。

マジュンジュザーデの『冒険譚』も、マルタ虜囚という彼に降りかかった非日常的な「冒険」を語ったものであり、散文と詩の両方で書かれている。冒頭に導入の詩が最初に詠まれ、その後に本文が続き、最後は作品が書かれた年代と筆者の名前を詠んだ詩で締めくくられるという構成である。起こった出来事が散文で描写され、詩の部分では他の捕虜とのやり取りを含めて彼の心情が露わになっており、文中の随所に散りばめられている。とりわけ詩の比重が大きく、見たところ詩が作品全体の半分以上を占めており、オスマン語やペルシア語、アラビア語を駆使しながら紀年詩、カスィーデ、ガゼルといった様々な形式で詠まれている。

したがって、捕虜による「冒険譚」とは、少なくとも形式上は捕虜個人の非日常的な体験談を前提としており、同時に詩をふんだんに用いて出来事や書き手個人の心情を描写しているところに特徴があると言える。

2 個人の記録か、手段か

これらを踏まえたうえで、マジュンジュザーデの『冒険譚』を振り返ってみたとき、作品をどのように読み解くべきであろうか。『冒険譚』の最後の部分には次のように書かれている。

運命のいたずらで過去に起きた様々なことのお話や不平不満を詩や散文の形で記した。とはいえ千の一つにすぎない。

わが冒険譚はマルタで書かれ本になったが
出来事すべての章にあらず　序文にすぎない［*Sergüzeşt*: 118］

これを見るに、彼は『冒険譚』の中で、マルタ虜囚という「冒険」の出来事や、それにまつわる不平不満を書き留めることが目的であった。彼にとっての「冒険」とは、イスラーム法官として任地に赴くはずが突然のマルタ私掠船の襲撃によって捕虜となり、マルタに連行されて虜囚生活を送ったことであり、不衛生な牢獄で粗末な食事を取らされ、時にマルタ人や他の捕虜による嫌がらせを受けつつ、先の見えない中で病気や死と隣り合って生活することであった。それまでイスタンブルの上流社会で物質的に恵まれつつ勉学に勤しみ詩作に興じながら日々を送っていた彼にとって、これらはいずれも彼の心に大きな衝撃を与える出来事であったことは想像に難くない。彼の個人的な「苦しみ」は、客観的な物差しで単純に測ることはできないのである(14)。

ところで、マジュンジュザーデが『冒険譚』を書きあげた時、彼はまだマルタにいた。一五九八年一二月二九日に彼の解放が決定されてから約一月後、年が明けて一月三〇日の時点で他の捕虜たちといっしょにマルタで礼拝を行っている。つまり、スルタンから解放の約束を取り付けてからマルタで出国手形が発行されてもなお、彼はいまだ解放されていなかったのである。

このことを考えた時、マジュンジュザーデは『冒険譚』を単に虜囚という彼の非日常的な体験談の記録としてのみならず、自らの解放を呼び掛けるために書いたものであるという見方もできるのである。『冒険譚』の冒頭にある詩には、彼の解放を公に訴える一節が挿入されている。

わたしは望む　身分の高き者も低き者も言わんことを

「神よ、この取るに足らない者（マジュンジュザーデ）に解放のお恵みを与えよ」と［*Sergüzeşt:* 72］

同様に、『冒険譚』の最後にも解放を祈願する文言が付け加えられている。

小生の速やかなる解放のための祈りを〔神が〕お忘れなきよう。
神に愛でられしお方（預言者ムハンマド）の尊さで　異教徒の手から解放し給え
神よ　あまねくお恵みによって　わたしを格別なしもべとし給え［*Sergüzeşt:* 119］

そうであるならば、『冒険譚』はマジュンジュザーデが無事解放されるため、あるいは解放後のオスマン官人としてのキャリアを円滑に進めるための一種の「キャンペーン」として書かれたものであったかもしれない。その意味では彼の『冒険譚』もまた、一般的に人々の関心や憐みを引きつけることを目的としていた「捕虜記」の系譜上にかぞえられるのである。ただし、『冒険譚』の写本が現時点で一点しか見つかっていないのと、その写本の書かれた年代が約二年後の一六〇二年のことであるため、ここではそれについて深入りはしない。いずれにせよ、これらを念頭に入れたうえでもう一度『冒険譚』を読み返す時、彼が詩や散文で綴る「不平不満」はまた違った風味を帯びて立ち現れてくるのである。

とは言え、『冒険譚』を単に同情を買うためのツールであったと結論付けてしまうことはできない。文中では詩や散文ともに「大げさ」な表現があちこちに出現する一方で、ぽつりぽつりと呟くように筆者の本心が吐露される場面もまた見受けられるのである。おそらく、『冒険譚』は個人の虜囚体験について心情を交えて綴る場という側面と解放のための手段の両面からできたものであり、両者のさじ加減にマジュンジュザーデらしさが立ち現れていると言えよう。

おわりに

マジュンジュザーデ一行の船がマルタ私掠船に襲撃された事件は、私掠行為が横行していた一六世紀末の地中海ではさほど珍しいことではなく、今のところ他の史料でこれについて触れられている形跡はない。仮にたとえば年代記に記録されたとして、「一五九七年五月一五日、アライェリ・メフメト・レイス船長の操縦する船舶がキプロス沖で四隻のマルタ私掠船の襲撃を受け、三〇人以上が死亡、その他大勢が負傷し捕虜とされる」という無味乾燥な一文で片付けられたことであろう。私掠船の捕虜としてマジュンジュザーデが受けた苦難も、傍から見れば当時の地中海に無数に漂う藻屑の一つに過ぎないのであった。

しかし、ひとたび捕虜自身の回想録をめくれば、そこには「客観的」な史料には現れない、捕虜の視点を中心とした虜囚の現実がヴィヴィッドに広がっている。捕虜になった過程や虜囚生活、解放交渉のようすなど、いずれも虜囚を体験した本人しか知らない貴重な情報である。回想録に記されたこれらの内容を事実として受け入れるならば、当時の地中海で私掠船や捕虜をめぐる「海上秩序」のための法整備が途上の中で、捕虜の返還が捕虜本人とマルタ側、オスマン朝の個人といった三者による当人どうしの取り決めで行われていたという事実は興味深い。また、オスマン朝のスルタンや母后が「公人」として捕虜返還にかかわることもあった。その中で他の捕虜がオスマン朝の個人と別の捕虜の間をとりなしたり、オスマン朝の非ムスリム臣民やヨーロッパ人が書簡のやり取りや身代金の受け渡しし、捕虜の引き取りといった仲介役を担当したりする場面も見られた。これがムスリム捕虜をとりまく一六世紀末の地中海の姿であった。

捕虜の回想録にはもうひとつ、捕虜や捕虜をめぐる状況を客観的・数量的に捉えた際にはこぼれ落ちてしまう捕虜自身の主観や心情が至るところに溢れている。強制的な形で虜囚という非日常的な状況に連れてこられた捕虜にとって、何よりも記録しておきたかったのは自らの気持ちなのではないだろうか。捕虜は虜囚の最中、あるいは解放されてから虜囚時代を回顧する時に、捕虜としてのつらさや苦しみをひとつひとつ文字にしていくことでそのような感情が昇華され、精神的にもようやく解放されることができたのかもしれない。その意味でも、先人たちの言うような捕虜の回想録を含む語り物の史料的可能性を指摘できるだろう。

同時に、捕虜の回想録に書かれた捕虜自身の「心情」をどのように扱うのか、ということについても問われている。捕虜の回想録には、書き手の本心が吐露されている場面と、読者へのアピールとして誇張している部分の二つが併存している。そのことは、史料としての使いづらさの原因であるが、一方で捕虜の回想録という作品ジャンルの魅力でもある。本書で扱った『冒険譚』を別の回想録と比較検討する中で、本心と誇張の塩梅に違いが見られるならば、そこにマジュンジュザーデの個性を見出すこともできるだろう。そのように、捕虜の回想録とは「量」に回収されない「個」性が見える場なのである。

さて、結局のところマジュンジュザーデが無事オスマン朝に帰還できたかどうか、『冒険譚』からはわからない。彼が無事オスマン朝に帰還できたことを祈りつつ、このあたりで筆を置くことにしよう。

注

(1) オスマン朝がキクラデス諸島やナクソス島など東地中海に浮かぶヴェネツィア領の島々を手中に収めたことに対し、ヴェネツィアをはじめとするカトリック諸国は教皇パウルス三世の呼び掛けのもと対オスマン朝十字軍を結成してプレヴェザの海戦で衝突した。この時、十字軍に加わっていた国は、ヴェネツィアやスペインを始め、オーストリア、ポルトガル、マルタ、ジェノヴァといったカトリック諸国である。ちなみに、ここでいう十字軍は聖地イェルサレムの「奪還」を目的としていた中世のそれとは異なり、敵対目標はオスマン朝それ自体であり、カトリック諸国が東方に有する領土や権益をオスマン朝から守るためであった。

（2）アフドナーメとは、「宣誓する、安全保障を与える」という意味であるアラビア語の 'ahd に、「書簡、書物、書」を意味するペルシア語の nâme が付いた言葉であり、オスマン朝がイスラーム法に則る形で諸外国に与えた和平や通商特権を規定した文書のことである［İA, "Ahidname"］。

（3）本書で扱うマグリブ私掠船やマルタ私掠船が「私掠船」と呼べるのかについては議論の余地があるものの、ここでは単なる海賊とは異なる存在として、便宜上「私掠船」の語を用いる。

（4）ちなみに *The Oxford English Dictionary* によると、同じ語源である英語の corsair は、近世において主にキリスト教諸国の船舶や沿岸を襲撃するバルバリア Barbary の私掠船を指し、しばしば海賊 pirate と同一視されていた。

（5）一般に、フリゲート船一隻につき八〇～一〇〇人のレヴェントが搭載され、ガレオン船の場合は大きさに応じて二〇〇～四〇〇人が乗船していた［İA, "Levent"］。

（6）オスマン朝の支配領域は州（eyâlet）に分割され、各州の下に複数の県（sancak）が置かれていた。州や県の長官としてそれぞれ州総督（beylerbeyi）、県知事（sancakbeyi）がいた。eyâlet や sancak をそれぞれ「州」、「県」と訳すことには異論があるが、ここでは便宜上そのように表記する。

（7）マグリブ諸州にはイスタンブルから州総督が派遣されていたが、実質的に支配していたのは「ガルプ・オジャクラル garp ocakları」と呼ばれる現地の軍事集団であった。彼らはアイドゥンやイズミル、マニサ、ムーラといったアナトリア・エーゲ地方出身の逃亡農民やイスタンブルから派遣されるイェニチェリ、在地の部族出身者による騎兵集団など、多様な出自から構成されていた［İA, "Cezayir"］。

（8）聖ヨハネ騎士団はキリスト教徒の団体としてフランス人やイタリア人を中心にヨーロッパ各国出身のキリスト教徒から構成されていた。騎士団の内部には「ラング」と呼ばれる言語ごとの集団が存在し、騎士たちは出身地域の言語に応じていずれかのラングに属していた。フランス出身者にはプロヴァンス（ラングドック地方出身者）、フランス（ラングドイル地方出身者）、オーヴェルニュ（ブルターニュ地方出身者）の三つのラングが、スペイン出身者にはカスティーリャ（ポルトガルを含む）とアラゴン（カタロニアとナヴァーラを含む）の二つのラングが存在し、それに加えてイタリア、ドイツ（後にスカンディナヴィアやボヘミア＝ポーランドも含む）、イギリス（アイルランドを含む）の計八つのラングがあった［メルチエカ 二〇〇五：一〇―一二］。騎士団は特にフランスとの関係が深く、マルタ私掠船に掠奪されたオスマン人捕虜の解放交渉にフランス領事が介入したり、一八世紀にはマルタ島がフランスのレヴァント貿易の拠点として利用されている［Fodor 2018: 883-891］。

(9) トルコのアナトリア南部、フェトヒエとアンタルヤの間にあるフィニケから東方約二〇キロメートルのところに位置する岬[Çiftçi: 116, note 13]。

(10) イスラームにおいて、ラマダーン月の断食が明けたシャウワル月の初日に行われる祭。一般的にはイード・アル・フィトルという名で知られるが、トルコでは親族や知人の間で砂糖菓子を贈り合うことにちなみ、「砂糖祭(Şeker Bayramı)」と呼ばれる[大塚ほか 二〇〇二:九一六―九一八]。

(11) ここでは金(altın)=フローリンであり、当時の金/銀交換比率によると、一金=一二〇アクチェ(akçe:オスマン朝の銀貨)で計算される[İA, "Sikke"]。したがって、五〇〇金(フローリン)=六万アクチェとなる。ちなみに、マジュンジュザーデが任命されたキプロス・バフ郡のイスラーム法官職は日給一三〇アクチェであるため(本書の一四~一五頁参照)、五〇〇金という身代金額は、彼の俸給の約一年二ヵ月分に相当する。

(12) 砂糖祭と並んでイスラームにおいて最も重要な祭。メッカ巡礼の最終日にあたるズー・アル=ヒッジャ月一〇日に行われ、家族ごとに羊などの動物を屠って一族で食したり、貧者に分け与える[大塚ほか 二〇〇二:九一六―九一八]。

(13) トルコ語の『イスラーム百科事典』では、オスマン語の「旅行記(seyahatnâme)」は、①いわゆる旅行記、②捕虜記、③冒険譚(sergüzeştnâme)・紀行詩(manzum seyahatnâme)、④巡礼記、⑤地理・歴史書の性格を帯びる旅行記、⑥年代記や伝記の一部として書かれたものに分類されている[İA, "Seyahatnâme"]。ただし、後述するように形式上は「冒険譚」であるマジュンジュザーデの『冒険譚』がここでは「捕虜記」のカテゴリーに分類されている。

(14) イスタンブルの造船所にある牢獄とマルタのそれとをマジュンジュザーデの『冒険譚』の記述から比較したパルマクスズオウルによると、身体的自由や労役、食事の面において捕虜への待遇は全体的に見てマルタの牢獄の方が良好であったという。イスタンブルでは捕虜の大部分がガレー船漕ぎに、老人や聖職者の場合は土木作業に動員されたのに対し、マルタではこれらの労役は基本的に免除されていた[Parmaksızoğlu 1953: 83]。

参考文献

〈史料〉

İz, Fahir
1970 Macuncuzade Mustafa'nın Malta Anıları: Sergüzeşt-i Esiri-i Malta, *Türk Dili Araştırmaları Yıllığı-Belleten* 18: 69-122.([*Sergüzeşt*]と表記)

〈和文文献〉

秋葉　淳
二〇一五「オスマン社会における都市の記憶と自己語り史料――一八世紀末～一九世紀初頭のイスタンブルとサラエヴォ」渡辺浩一／ヴァネッサ・ハーディング編『自己語りと記憶の比較都市史』一九九―二二六頁、勉誠出版。
二〇一八「オスマン帝国史料解題――エゴドキュメント／自己語り史料」（http://tbias.jp/ottomansources/ego-documents）。
大塚和夫ほか編
二〇〇二『岩波イスラーム辞典』岩波書店。
コリー、リンダ／長谷川貴彦訳
二〇二〇「イギリスとイスラーム――差異に関する多様な視座」成田龍一・長谷川貴彦編『〈世界史〉をいかに語るか――グローバル時代の歴史像』一六九―一八七頁、岩波書店。
薩摩信介
二〇一五a「海賊――「全人類の敵？」」金澤周作編『海のイギリス史――闘争と共生の世界史』一七八―二〇〇頁、昭和堂。
二〇一五b「私掠――合法的掠奪ビジネス」金澤周作編『海のイギリス史――闘争と共生の世界史』二〇一―二二一頁、昭和堂。
髙松洋一
二〇一五「アラビア文字に隠された年代を読み解く〈アラビア文字紀年銘（クロノグラム）年代計算プログラム〉プロジェクト」。（http://repository.tufs.ac.jp/bitstream/10108/81850/1/field-13_p23.pdf）
長谷川貴彦
二〇二〇「エゴ・ドキュメント研究の射程」長谷川貴彦編『エゴ・ドキュメントの歴史学』一―一八頁、岩波書店。
林佳世子
二〇一二「文学・歴史研究――オスマン詩を用いた社会史研究の可能性」東長靖（編）『オスマン朝思想文化研究――思想家と著作』京都大学大学院アジア・アフリカ地域研究研究科付属イスラーム地域研究センター（ＫＩＡＳ）九五―一一三頁。
ブローデル、フェルナン／浜名優美訳
一九九三『地中海Ⅲ　集団の運命と全体の動き　二』藤原書店。
増井実子
二〇〇五「セルバンテス時代のアルジェ――アントニオ・デ・ソーサ『アルジェの地誌と歴史』から」『スペイン史研究』

一九：二〇—二五。
メルチエカ、サイモン
二〇〇五 『マルタの聖ヨハネ騎士団』Florence: Bonechi.

〈欧文文献〉
Aydın, Bilgin
2012 XVI. Yüzyıl Osmanlı Seyahatnâmeleri Hakkında Bir Değerlendirme. *Osmanlı Araştırmaları Dergisi* 40: 435-451.
Bostan, İdris
2009 Akdeniz'de Korsanlık: Osmanlı Deniz Gücü. *Türk Denizcilik Tarihi* 1: 227-239.
Çiftçi, Cemil
1996 *Macuncuzade Mustafa Efendi Malta Esirleri*. İstanbul: Kitabevi.
Fodor, Pál
2018 Piracy, Ransom Slavery and Trade: French Participation in the Liberation of Ottoman Slaves from Malta during the 1620s. In Damian Alan Pargas, Felicia Roşu（eds.）*Critical Readings on Global Slavery*. vol. 3, pp. 880-894, Leiden; Boston: Brill.
Hillebrand, Caspar
2014 *A Researchers' List and Bibliography of Ottoman Travel Accounts to Europe*. Bonn: Bonn Universtity IOA.
İnalcık, Halil
2016 *Şâir ve Patron: Patrimonyal Devlet ve Sanat Üzerinde Sosyolojik Bir İnceleme*. Ankara: Doğu Batı Yayınlar.
İz, Fahir
1965 Makale-i Zindancı Mahmud Kapudan. *Türkiyat Mecmuası* 14: 111-150.
Kafadar, Cemal
1989 Self And Others: The Diary of A Dervish in Seventeenth Century Istanbul And First-person Narratives in Ottoman Literature. *Studia Islamica* 69: 121-150.
Köse, Metin Ziya
2010 1600-1630 *Osmanlı Devleti ve Venedik Akdeniz'de Rekabet ve Ticaret*. İstanbul: Giza Yayınları.
Pakalın, Mehmet Zeki

1993　Osmanlı Tarih Deyimleri ve Terimleri Sözlüğü*. İstanbul: Milli Eğitim Basımevi.（[Pakalın 1993,“項目名”] と表記）

Parmaksızoğlu, İsmet

1953　Bir Türk Kadısının Esaret Hatıraları. *Tarih Dergisi* 5(8):77-84.

Sahillioğlu, Halil

1963　Akdeniz'de Korsanlara Esir Düşen Abdi Çelebi'nin Mektubu. *Tarih Dergisi* 13(17-18): 241-256.

Sâmî, Şemseddin

1302　*Kamusü'l-alâm: tarih ve coğrafya lûgati ve tabir-i esahhle kâffe-yi esma-yi hassa-yi camidir*. İstanbul: Mihran Matbaası.（[Kamusü'l-alâm,“項目名”] と表記）

TDV İslâm Araştırmaları Merkezi

2016-2021　TDV İslâm Ansiklopedisi.（https://islamansiklopedisi.org.tr/）（[İA,“項目名”] と表記）

Tenenti, Alberto

1959　*Naufrages, corsaires et assurances maritimes à Venice* 1592-1609. Paris: S.E.V.P.E.N.

Theunissen, Hans

1998　Ottoman-Venetian Diplomatics: the *'Ahd-names*. The Historical Background and the Development of a Category of Political-Commercial Instruments together with an Annotated Edition of a Corpus of Relevant Document. *Electronic Journal of Oriental Studies* 1(2): 698.

Uzunçarşılı, İsmail, H.

2011　*Osmanlı Tarihi, III. Cilt, 2. Kısım, XVI. Yüzyıl Ortalarından XVII. Yüzyıl Sonuna Kadar*. Ankara: Türk Tarih Kurumu Basımevi.

White, Joshua M.

2018　*Piracy and Law in the Ottoman Mediterranean*. Stanford, California: Stanford University Press.

略年表

西暦	オスマン朝の出来事	マジュンジュザーデの動向
1520	スレイマン 1 世即位	
1538	プレヴェザの海戦に勝利	
1565	マルタ包囲戦に失敗	
1566	キオス島征服 スレイマン 1 世没、セリム 2 世即位	
1569	フランスにアフドナーメ付与	
1570	キプロス島征服	
1571	レパントの海戦に敗北	
1574	チュニス奪還 セリム 2 世没、ムラト 3 世即位	
1578	対サファヴィー朝戦争（～ 1590）	
1580	イギリスにアフドナーメ付与	
1593	対オーストリア戦争（～ 1606）	
1595	ムラト 3 世没、メフメト 3 世即位	
1596 前後	アナトリアでジェラーリーの乱勃発	
1597		任地のキプロス島に向かう途中でマルタ私掠船の捕虜となる
1598		マルタ島からの解放が決まる
1603	メフメト 3 世没、アフメト 1 世即位	

あとがき

マジュンジュザーデ・ムスタファ・エフェンディの『マルタ虜囚の冒険譚』に出会ったのは、帰国も間近のことである。いつか使う機会もあるかもしれないとオスマン語で書かれた旅行記を集める中で、一連の「冒険譚」群とともにこの史料に行き着いたのであった。それが結局博士論文の方向付けにまで影響することになるとは当初予想もしなかったが、今思えば卒業論文で「山賊」をテーマにしていたことを踏まえると、最終的に「海賊」絡みの話に行き着いたのは当然の帰結であったように思える。

札幌に戻ってから『冒険譚』を繙くと、普段読んでいる年代記や各種文書史料といったいささか「硬い」史料とは異なり、虜囚にまつわる書き手の個人的な体験や心情が、詩も織り交ぜつつただひたすら綴られている記述のあり方に衝撃を受けた。そのむき出しの「個人」を目の前にして、個人の内面は扱わないことを一応の原則とする歴史学において、手段となる史料それ自体が果たしてどの程度「主観」と「客観」を切り離すことができるのかという問いについて、改めて自分に突き付けられているような気がしたのである。それはおそらく、捕虜のように思いがけず「された」側の人間であるからこそ、書き手の主観がより生々しく立ち現れてくるのかもしれない。

約 3 年に及んだトルコ留学で学んだことは、研究についてはもちろんのこと、何といっても周りの人たちの差し伸べる手の温かさである。基本的にただ一人の日本人学生であったイズミル生活において、断続的に訪れるハプニングと緊張感がある一方で、常に見守り、気に掛けてくれた人たちがいたことは何にも代えがたい思い出となっている。外国人ながら周りに誰かがいる日常に慣れきってしまったがために、帰国後はある意味予想していた「浦島太郎」状態に加え、一人暮らしでの長い自粛生活が始まったことにより、しばらくの間何ともいえない寂寞と閉塞感に悩まされたのであった。それはともかくとして、一見すると一人で何でもできてしまうような日本社会では見過ごしがちな事実を、留学によって深く実感することができた。留学中お世話になったすべての人に感謝の気持ちを伝えるとともに、留学からブックレット出版までご支援くださった松下幸之助記念志財団の皆さま、編集から出版までお世話になった風響社の皆さま、ブックレット委員や他の執筆者の方々などにはお礼申し上げたい。また、長年にわたって辛抱強く見守り続けてくださっている指導教官の先生をはじめ、いつもお世話になっている周りの人々にもあらためて謝辞を述べたいと思う。

捕虜となったマジュンジュザーデが渡った海は、きっと不安や恐怖に満ちたものであったにちがいない。しかし、わたしにとって地中海は、むかしフランス留学中にマルセイユ沖で見た時から変わらず、つねに煌めいている。トルコ留学を通して五感で味わい尽くしたその海の秘密と奥深さを、人間の心の機微とともにこれからも解き明かしていければ本望である。

著者紹介

末森晴賀（すえもり　はるか）

1991年、静岡県生まれ。

北海道大学大学院文学研究科博士後期課程在籍。

主な論文に「18世紀前半のエーゲ地方における勃興期の「アーヤーン」――「匪賊」サルベイオウル・ムスタファの事例から」（『東洋学報』100(1): 1-26、2018年）などがある。

ムスリム捕虜の語る近世の地中海　マルタの「海賊」とオスマン朝のはざまで

2021年10月15日　印刷
2021年10月25日　発行

著　者　末 森 晴 賀

発行者　石 井　　雅

発行所　株式会社　風響社

東京都北区田端 4-14-9（〒 114-0014）
Tel 03（3828）9249　振替 00110-0-553554
印刷　モリモト印刷

　ISBN978-4-89489-298-9 C0022